W0188610

SPHINX

Das Buch

Telepathie ist mehr als ein blosses Hin- und Hersenden von im voraus abgesprochenen Signalen zwischen Sendern und Empfängern. Es ist auch das Üben eines Gewahrseins und der Vermittlung einer liebevollen, mitfühlenden Einstellung anderen Menschen gegenüber. Es gibt sowohl eine bewusste als auch eine unbewusste Telepathie, die zwischen den Völkern auftritt und allmählich den ganzen Planeten beeinflusst. Neben diesen eher grundsätzlichen Gedanken bietet das Buch auch eine Reihe von Übungen an, die zu den besten auf diesem Gebiet gehören.

Walter E. Butler

Telepathie

Die Geheimnisse der
geistigen Kommunikation

S P H I N X

Aus dem Englischen
von Susanne G. Seiler

CIP-Kurztitelaufnahme der Deutschen Bibliothek
Butler, Walter E.:
Telepathie: d. Geheimnisse d. geistigen
Kommunikation / Walter E. Butler. [Aus d.
Engl. von Susanne G. Seiler]. – 2. Aufl. –
Basel: Sphinx Medien Verlag, 1987.
(Sphinx pocket; 30)
Einheitssacht.: An introduction to telepathy ⟨dt.⟩
ISBN 3-85914-330-1
NE: GT

1987
2. Auflage
© Sphinx Medien Velag
Alle deutschen Rechte vorbehalten
© 1983 The Aquarian Press
Originaltitel: An Introduction to Telepathy
Umschlagbild: Reto Fontana
Gestaltung: Charles Huguenin
Herstellung: Clausen & Bosse, Leck
Printed in Germany
ISBN 3-85914-330-1

Inhalt

Für Keith von Grossvater

Einführung

«Gegenwärtig sind wir Zeugen einer Reihe von Bewegungen in Richtung eines neuen Denkens, neuer Lebensperspektiven und neuer Forschungsansätze auf Gebieten ... denen man früher mit Verachtung begegnete.»

Auch wenn es nur wenige Jahre her ist, seit W. E. Butler diese Worte schrieb, haben sie sich bereits als wahr erwiesen. In der Tat entwickeln wir uns in einer Weise, wie wir es uns vor ein paar Jahren nicht hätten vorstellen können. Einer der wichtigsten Fortschritte ist dabei das neue Wissen um das menschliche Gehirn und dessen schier unglaublichen Möglichkeiten. Zu diesen Möglichkeiten gehört natürlich auch die Telepathie.

Sogar die engstirnigsten Wissenschaftler beginnen einzuräumen, dass der Mensch in jener Gegend des Gehirns, die wir das limbische System nennen, über weitere Sinne verfügen könnte. Ein sehr passender Vergleich ist hier das Bild der «schlafenden Prinzessin», die in ihrem magischen Turm darauf wartet, von einem Auserwählten befreit zu werden. Wir verfügen tatsächlich über einen Teil unseres Selbst, den man erst jetzt zu verstehen beginnt, der jedoch wahrscheinlich der Hauptsitz vieler sogenannt paranormaler Fähigkeiten ist. Ich würde diese lieber normal nennen und vorschlagen, dass der Mensch sich im allgemeinen unterhalb seines vollen Potentials als denkendes Wesen bewegt. Es scheint, als hätten wir unser wissenschaftliches und unser logisches Gehirn auf

Kosten unserer angeborenen, natürlichen Talente entwickelt.

Es besteht eine Tendenz, das Altertum zu romantisieren und die Völker vergangener Zivilisationen als Superwesen anzusehen, die über gewisse «magische» Kräfte verfügten, die uns heute abhanden gekommen sind. Dies ist eine sehr naive Betrachtungsweise. Der Mensch kann das Leben in und um sich sowohl vom wissenschaftlichen als auch vom intuitiven Standpunkt aus erfassen, und beide Arten sind im Verlauf unserer Evolution von gleichwertiger Bedeutung gewesen. Je eher dies verstanden wird, um so schneller wird der Mensch lernen mit seinen Mitmenschen auszukommen und seine Probleme zu lösen.

Es ist genauso falsch, wenn eine Seite die Erkenntnisse der Wissenschaft verachtet, als wenn diese Wissenschaft die anerkannte Existenz psychischer Phänomene negiert. Natürlich ist die Wissenschaft in mancher Hinsicht wenig ethisch vorgegangen, und dies geschieht immer noch, doch braucht sich die Gegenseite darauf nichts einzubilden, denn gerade aus dieser Haltung heraus ist eine gegenseitige Abneigung entstanden. Tatsache ist, dass wir Menschen dazu ausersehen sind zu wachsen und unsere Fähigkeiten auf beiden Gebieten gleichzeitig zu entwickeln. Manche von uns wurden geboren, um zu forschen, zu entdecken und zu erfinden, andere, um zu fühlen und sich auszudehnen, um so auf den subtileren Ebenen des Lebens wirksam zu werden. Arbeiten beide Seiten zusammen, rücken die Sterne in unsere Reichweite, stehen sie sich weiterhin feindselig gegenüber, tragen sie zum Elend der Welt bei.

Auch wenn die Priester und Priesterinnen der alten Welt über grosse psychische Gaben verfügten, war es ihnen versagt, Leben zu retten, wie wir das heute können.

Wissen war nur wenigen zugänglich, und die damaligen Lebensumstände wären für den grössten Teil derer, die heute behaupten, früher sei alles besser gewesen, absolut untragbar gewesen. Wir können nicht leugnen, dass die Wissenschaft unsere Lebensqualität in mancher Hinsicht verbessert hat, auch wenn diese Verbesserungen nicht gerade gerecht verteilt worden sind. Die herzlosen Aspekte der Wissenschaft bedürfen in erster Linie der humanisierenden, mitfühlenden Kräfte des psychisch Begabten.

So gesehen, bedeutet die Telepathie mehr als ein blosses Hin- und Hersenden von im voraus abgesprochenen Signalen zwischen «Sendern und Empfängern». Es ist auch das Üben eines erhöhten Gewahrseins anderer – die Vermittlung einer liebevollen, mitfühlenden Einstellung anderen Menschen gegenüber, wenn Sie so wollen. Es gibt sowohl eine bewusste als auch eine unbewusste Telepathie, die zwischen den Völkern auftritt und allmählich den gesamten Planeten beeinflusst. Es ist diese Art von Telepathie, die den Verlauf der menschlichen Geschichte mitbestimmt. Ständige Angst und Spekulationen über die bevorstehende Zerstörung unserer Zivilisation können mit der Zeit genau die Situation heraufbeschwören, vor der man sich so sehr fürchtet. Dies ist natürlich genau die Art von Aussage, bei der Wissenschaftlern der Kragen platzt, doch können sie auch angesichts solcher Äusserungen nicht leugnen, dass jedes vom Menschen erzeugte Ding, vom Baby bis zum Kriegsschiff, das Resultat des einen oder anderen Denkvorgangs ist. Denken ist ein kreativer Prozess; überträgt man diesen von einem Ort zum anderen, ist es Telepathie.

An anderer Stelle schreibt W. E. B., wenn man sich mit einem neuen Thema befasse, sei es vernünftiger, bereits geschriebenes zu lesen, um dann von dort aus fortzufahren. Wo es um die psychischen Sinne geht, würde ich diesem Rat hinzufügen, dass man sich mit den neuesten Erkenntnissen auf dem Gebiet der Neurophysiologie auseinandersetzen sollte, denn dies ist ein wesentliches Gebiet, wo sich Wissenschaft und Okkultismus treffen, vermischen und ergänzen, um jenes «neue Denken» hervorzubringen, das W. E. B. so trefflich voraussah.

Von vielen Schülern des Okkulten wird der Fehler begangen, alles in vergeistigten Ausdrücken zu sehen. Doch während sie ihre Studien zum Guten einsetzen und diesen spirituellen Aspekt mit einbeziehen sollten, bleibt dessen Grundlage eindeutig eine materielle, die in Verbindung zu einem der ältesten Prinzipien der westlichen Tradition steht: Dass der ganze Mensch eingesetzt und verwandelt werden muss und nicht nur dessen Geist. Der Geist und somit das physische Gehirn müssen als lebenswichtiger Teil des gesamten Prozesses der Ausbildung von psychischen Kräften verstanden werden. Viel zu oft fehlt es dem modernen Adepten des Okkulten an den rudimentärsten Kenntnissen darüber, wie sein Gehirn beschaffen ist, wie es Informationen erlangt und speichert, und auf solch unterschiedliche Reize wie Gerüche, Geräusche und Farben reagiert. All dies gehört zu dem wichtigen Satz über «neues Denken».

Die Übungen, die W. E. B. in diesem Buch anbietet, gehören immer noch zu den besten auf diesem Gebiet, doch können sie in einen neuen Zusammenhang gebracht und weiter entwickelt werden. Butler hat immer darauf bestanden, dass seine Schüler das nahmen, was sie von ihm lernen konnten, um zu versuchen, es zu verbessern. «Niemand», pflegte er zu sagen, «sollte den Fehler machen zu denken, er habe das letzte Wort zu einem Thema gesagt, ganz gleich, worum es sich handelt; irgendwann, irgendwo wird jemand einen Schritt weitergehen.»

Es gibt Anzeichen dafür, dass die Wissenschaft zu guter Letzt anfängt, gewissen okkulten Erscheinungen Beachtung zu schenken, wobei sie diese auf bestimmte Gehirngegenden zurückführt. Dies tut deren Gültigkeit keinen Abbruch, im Gegenteil, es hilft sie bestätigen, da man davon wird ausgehen können, dass Dinge, von denen wir zuvor nichts wussten, Teil des materiellen Universums werden. Ein Kabbalist würde vielleicht sagen, es sei der Punkt Kether, wo sich etwas manifestiert, auch wenn es sich dabei um einen blossen Inspirationsfunken handeln kann.

Ein amerikanischer Psychiatrieprofessor hat die These aufgestellt, gewisse Formen der spirituellen Erfahrung hätten sehr unterschiedliche Auswirkungen auf den Erfahrenden, je nach dem, wo diese intuitiven Impulse im Gehirn empfangen werden. Betreffen sie die Brücke von Nervenfasern, die die beiden Gehirnhälften miteinander verbindet, verflüchtigt sich ihre emotionelle Energie und somit ihre geistige Wirkung sehr schnell. Werden sie jedoch unmittelbar durch das Mittelhirn oder die limbische Gegend geleitet, bleibt die emotionelle Energie erhalten, und die Erfahrung wird eine grosse spirituelle Bedeutung erlangen, die bei der betreffenden Person tiefgreifende Veränderungen bewirken kann.

Das limbische System ist ein selbständiges Gehirn, das man oft Mittelhirn nennt. Auf seiner kleinen Fläche finden sich die Geheimnisse der Erinnerung, von Freud und Leid, Schmerz, Zorn und Fortpflanzung, denn es ist das Reich der Hypophyse. Dieses kleine Stück Gewebe von etwa der Grösse eines Fingernagels ist die Schlüsseldrüse des Körpers und kontrolliert so verschiedene Funktionen wie Wachstum, üppiger oder spärlicher Haarwuchs und die Geschlechtsmerkmale. Es gibt Traditionen, die behaupten, die Lehrer der Antike hätten einiges über diesen Teil des Gehirns gewusst. Es mag ihnen zwar nicht bekannt gewesen sein, wie und warum die Gehirnanhangdrüse funktioniert, doch wussten sie eindeutig von deren Existenz und in manchen Fällen sogar, wie sie mit primitiven Drogen und vor allem durch Duftessenzen zu beeinflussen war. Allein der Geruchssinn hat direkten Zugang zu diesem Teil des Gehirns, wo durch den neuralen Kontakt zu anderen Teilen des endokrinen Systems alle wichtigen Hormone und chemischen Substanzen hergestellt oder aufgeboten werden. Das Bestehen der Geheimtraditionen auf den Gebrauch von Räucherwerk in Ritualen erhält eine neue Bedeutung, wenn man dies versteht.

Es scheint, als hätten wir in diesem kleinen, aber lebenswichtigen Gehirnteil einen direkten Zugang zu den unterschiedlichsten psychischen Kräften, darunter auch zu denen der Telepathie. Das Erlangen und Erinnern von Wissen hängt vom Gedächtnis ab, welches wiederum mit der Gegend des Ammonshorns im Mittelhirn zusammenhängt. Unsere kreativen Fähigkeiten scheinen von unserem Mass an Kontrolle über die Hypophyse anzuhängen; ob es sich dabei um einen bewussten oder unbewussten Vorgang handelt, bleibt ungewiss, doch müssen wir irgendwo beginnen. Was ist nun also mit dem dritten Auge, das man so lange als Brennpunkt der psychischen Kräfte betrachtet hat? Laut der Überlieferung befindet sich dieses über der Nasenwurzel zwischen den Augenbrauen und dürfte deshalb in Verbindung zur Zirbeldrüse stehen, die sich zufällig auch im Bereich des Mittelhirns befindet. Achten wir dabei auf die traditionelle Plazierung, lassen gewisse Dinge auf das bekannte Symbol der alten Ägypter schliessen, das Horusauge. Jeder Adept des Okkulten kennt es, und sein einfaches und wirkungsvolles Design findet sich heutzutage auf vieler-

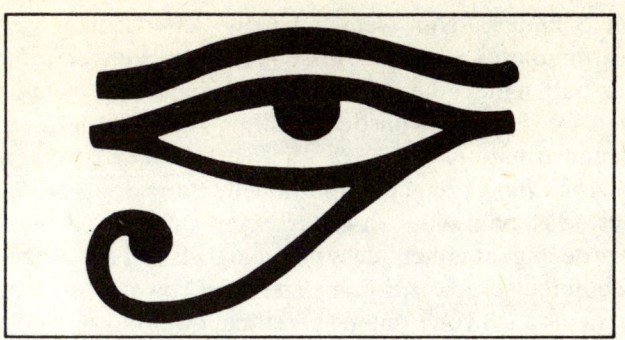

Abbildung 1. Das Horusauge

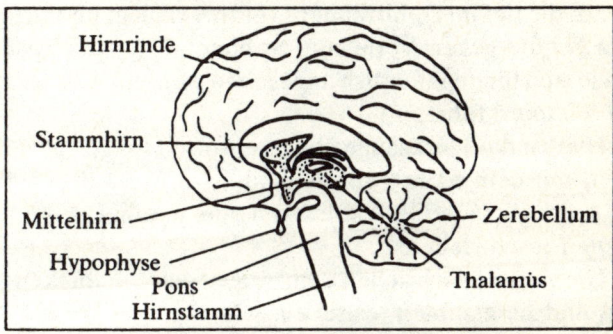

Abbildung 2. Das Mittelhirn

Hirnrinde

Stammhirn

Mittelhirn

Hypophyse

Pons

Hirnstamm

Zerebellum

Thalamus

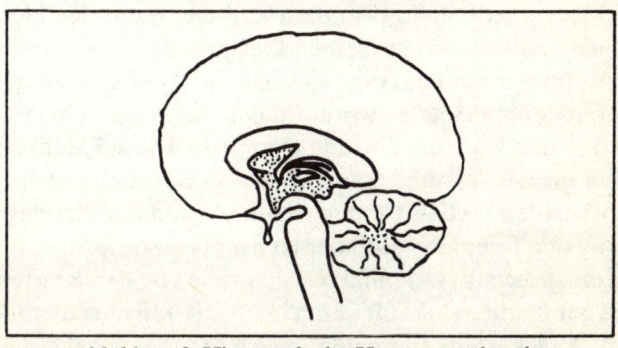

Abbildung 3. Hier wurde das Horusauge über das Mittelhirn gelegt.

lei Schmuck. Nur wenige haben sich dabei gefragt, warum dieses Symbol gewisse Ausschmückungen erfahren haben mag, die man beim wirklichen Auge nicht findet, wo doch die Künstler des alten Ägypten meist sehr genau arbeiteten.

Abbildung 1 zeigt die traditionelle Form des Horusauges, das beidseitig Erweiterungen aufweist. Zumeist wurde angenommen, dass dies lediglich Teil der Augenschminke sei, die zur damaligen Zeit sowohl von Männern als auch von Frauen aufgetragen wurde.

Abbildung 2 ist eine Karte des Mittelhirns, jener Gegend, die tief im Gehirninnern verborgen liegt und sicheren Schutz gegen Verletzungen bietet. Die wichtigsten Teile sind hier namentlich angegeben worden, was uns zu *Abbildung 3* führt.

Hier ist das Horusauge über das Mittelhirn gelegt worden, mit dem es sich auf unglaubliche Weise deckt. Es ist unmöglich, keine Ähnlichkeit zum Symbol in *Abbildung 1* festzustellen.

Die Ägypter schrieben dem Auge allerlei Fähigkeiten zu, und sie glaubten, es sei ein selbständiges Wesen. In frühsten Zeiten, als es das Auge Ras war, erzählte man sich, es würde umherwandern und die Taten der Menschen beobachten, um seinen Meistern davon zu berichten. Einmal war das Auge so lange fort, dass es Ra durch ein anderes ersetzte, worauf das erste Auge sehr böse wurde und Ra seine Ungeduld vorwarf. Diese Fähigkeit, über grosse Abstände zu wirken und Begebenheiten zu beobachten, scheint einer ziemlich genauen Beschreibung der Telepathie und der Kunst der Astralprojektion zu entsprechen. Offenbar wurden viele von den Kräften, die wir heute als okkult bezeichnen, als Teil der Identität des Auges wahrgenommen, gleich ob es sich dabei nun um das Auge Ras, um das Horusauge oder das eines Priesters des Tempels handelte. Wäre es möglich, dass die Priesterschaft des Altertums auf eine ihr eigene Weise späteren Generationen über Tausende von Jahren hinweg einen Hinweis geben wollte, dass es etwas gibt, dass für sie die Quelle der natürlichen geistigen Kräfte war?

Wir wissen, dass es Teile des Mittelhirns gibt, die sowohl für den Hunger als auch für den Durst verantwortlich sind. Sie sagen uns, wann wir essen und trinken sollen und vermitteln uns das Gefühl, satt zu sein. Wurde ein Körper samt den Augen begraben, sagte man, sie würden den Verstorbenen auf seiner Reise mit «Bier und Brot» versorgen. Handelt es sich hier um einen weiteren priesterlichen Hinweis, der auf versteckte Kräfte im Menschen schliessen lässt? Geraume Zeit hindurch war man der Meinung, diese Gegend betreffe einfach den Geruchssinn. Bis zu einem gewissen Grad stimmt dies ja auch. Dieser Sinn war von zentraler Bedeutung in der frühen Evolution der Menschheit. Man war darauf angewiesen, einen Feind oder ein wildes Tier zu riechen, ehe man von ihm gerochen wurde, und der Mensch konnte ohne den Geruchssinn nicht überleben. Es ist aus der Geruchsgegend, dass sich der Neocortex mit seiner komplexen rechten und linken Hirnhälfte entwickelte. Neuere Forschungen haben ein ganzes Heer an Kräften entdeckt, die studiert werden wollen und neue Einsichten über die Natur psychischer Fähigkeiten ermöglichen.

W. E. B. wäre von all diesen Dingen fasziniert gewesen und hätte viele glückliche Stunden damit zugebracht, die Vor- und Nachteile dieser oder jener Theorie zu diskutieren. Er hatte eine gute Nase für genau diese Art von Hinweisen, die ihn möglicherweise zu einem grösseren Verständnis seiner selbst und seiner Mitmenschen hätte führen können.

Er wäre wahrscheinlich auch der erste gewesen, der

darauf hingewiesen hätte, dass der Schakal von allen Tieren den feinsten Geruchssinn hat, und dass er in der Wüste über grosse Entfernungen Spuren zu folgen vermag, die ihn zum Wasser führen. Er hätte auch bemerkt, dass der schakalköpfige Gott Anubis Herr der Magie war, was darauf schliessen lässt, dass er um die Fähigkeiten des Mittelhirns wusste.

Indem wir W. E. B. s Rat befolgen, auf die Vergangenheit aufzubauen und an den unwahrscheinlichsten Orten nach Hinweisen zu suchen, müssen wir besonders im Fall der Telepathie nach Wegen Ausschau halten, die das ergänzen und erweitern, was in diesem Buch vorgeschlagen wird. Tun wir dies, wird seine Arbeit nicht umsonst gewesen sein oder untergehen; sie wird vielmehr zu einem Gerüst, auf das wir neue Ideen aufbauen können.

Die meisten Leute verstehen nicht, dass wir bei totaler Telepathie wahrscheinlich innerhalb von Minuten irrenhausreif wären. Der Kakophonie der Welt gegenüber ständig offen zu sein, wäre mehr, als der menschliche Geist ertragen könnte. Es ist unser Vorteil, dass wir auf dem Weg der Entwicklung zu einer Rasse von Telepathen nur sehr langsam voranschreiten.

Man wird sich wahrscheinlich fragen, ob ich mich als Schülerin Butlers selbst auch telepathisch betätige. Die Antwort lautet ja, doch meistens geschieht dies ganz unbewusst. Wenn mein Mann und ich zum Beispiel am Wochenende in der Stadt an entgegengesetzten Orten einkaufen gehen, ist es schon oft vorgekommen, dass ich etwas ins Regal zurücklegte, weil ich dachte: «Das hat Mike schon besorgt.» Auch ihm passiert es oft, dass er seine Schritte zurückverfolgt, weil er «weiss», dass ich das, was er kaufen wollte, bereits eingepackt habe. Häufig beschliessen wir auch unabhängig voneinander, etwas nicht einzukaufen, von dem wir meinen, der andere habe bereits daran gedacht, nur um beide mit leeren Händen nach Hause zu kommen! Das gehört aber dazu und macht Spass, und ich benutze dieses Wort ganz bewusst, denn wenn die Sache mühsam wird, sollte man es lieber eine Weile bleiben lassen, bis sich wieder ein abenteuerliches Gefühl einstellt.

Manchmal versuche ich auch, meinen Mann, meine Kinder oder meine Eltern absichtlich zu erreichen. Das ist weitaus schwieriger, und ich habe die Erfahrung gemacht, dass ich die besten Resultate mit einer der beiden folgenden Methoden erreiche: Ich sende entweder ein starkes Signal aus und verbanne dieses dann sofort aus meinem bewussten Gedanken oder ich mache daraus ein «Leuchtsignal». Das zweite ist am leichtesten. Dazu fasse ich die Botschaft erst einmal so kurz wie möglich, um sie dann in eine Symbolform zu übersetzen. Natürlich funktioniert dies nur bei Menschen, die einem nahe genug stehen, um dieses Zeichen entweder erraten oder sich eine gezielte Vorstellung von dem machen können, was es bedeutet. Dann stelle ich mir vor, ich würde dieses Signal wie den Strahl eines Leuchtturms in einem regelmässigen Rhythmus an den betreffenden Menschen senden. Ich will nicht behaupten, dass ich diese Technik perfekt beherrsche, doch hat sie mir manchen Anruf beschert, der gemacht wurde, ohne dass der oder die Betreffende sich das vorgenommen hatte, bevor ich sie zu kontaktieren versuchte. «Ich dachte, ich ruf schnell an und höre mal, wie es dir geht», heisst es dann.

Um für einen Augenblick auf das Mittelhirn zurückzukommen, so gibt die Hirnanhangdrüse ein schwaches Licht ab. Man könnte sogar sagen, wir hätten ein Lämpchen im Kopf. Bei den wenigen Gelegenheiten, die ich versuchte, dieses Licht zu benutzen, um damit eine Botschaft zu übermitteln, habe ich etwas mehr Erfolg gehabt als sonst. Nicht genug, um sagen zu können: So wird's gemacht, aber ausreichend, um zu meinen, die Sache sei der Mühe wert, dass man ihr mehr Zeit widmet als mir zwischen der Hausarbeit, meiner Tätigkeit als Lehrerin, Autorin und Vortragsrednerin bleibt.

W. E. B. geht davon aus, dass eine starke emotionelle Aufladung ein grundlegender Aspekt der Telepathie ist, und dies kann man gar nicht genug betonen. Ich glaube, dass hier häufig auch der Grund für das Scheitern wissenschaftlicher Versuche liegt. Man beachtet zuwenig, dass neun Zehntel der okkulten Arbeit eine Frage der emotionellen Aufladung ist, besonders wo es sich um psychische Fähigkeiten handelt. Ein Auto kann ohne Benzin nicht fahren; ohne die Berücksichtigung der Gefühle ist es beinahe unmöglich, Beweise von der Art zu erbringen, wie sie Wissenschaftlern so sehr am Herzen liegen. Oft genug finden solche Versuche in einer kalten und klinischen Umgebung statt, und die Leute, die sie durchführen, senden selbst telepathische Botschaften aus, in denen sie den Versuchspersonen deutlich zu verstehen geben: «Das, was du da versuchst, ist unmöglich, und wir glauben sowieso nicht daran.» Wenn dies gepaart mit einem starken Gefühl der Feindseligkeit geschieht, reicht es oft, um ein Scheitern hervorzurufen, egal wie gut das Medium ist. Zum Glück gelangen jetzt jüngere, offenere und frischere Köpfe in den Bereich der Parapsychologie, und wir können nur hoffen, dass sie Erfolg haben werden, wo andere scheiterten.

So wie ein Ritualmagier bereits existierende Gedankenformen wie die des Muttertags oder der Sonnenwenden einsetzen mag, kann auch jedes andere Gefühl dazu verwendet werden, telepathische Botschaften auszusenden. Der Nachteil dabei ist, dass man den Zeitpunkt und den Ort für diese Gefühle nicht immer wählen kann. Jeder von uns kennt Augenblicke, in denen wir uns plötzlich und ohne äusseren Anlass sehr glücklich fühlen. Nutzen Sie diese Stimmung, solange sie anhält. Wo immer Sie sich befinden, und wenn es draussen auf der Strasse ist, senden Sie mit dieser Welle des Wohlgefühls eine Botschaft der Liebe und der Anteilnahme. Vielleicht möchten Sie jemanden davon profitieren lassen, den Sie lieben, und der weit weg ist. Sie können diesen Augenblick der inneren Freude aber auch der ganzen Welt schenken. Vergeuden Sie solche kostbaren Momente nicht. Das gehört genauso zur Macht der Telepathie, als wenn man sich hinsetzt und einem Partner Botschaften oder Symbole zusendet. So helfen Sie der Überseele der Welt in ihrem Kampf gegen die dunklere Seite des Lebens, die ewig versucht, diese niederzureissen. Auch auf Sie als Sender wird dies eine Auswirkung haben, denn Sie werden langsam spüren, dass Sie diese innere Freude öfter erleben. Nichts von dem, was Sie abgeben, geht verloren. Das ist das kosmische Gesetz von Geben und Nehmen. Jene, die sich dauernd mit Gefühlen der Düsterkeit, Mutlosigkeit und des Pessimismus herumtragen, finden sich mit der Zeit nur noch von ähnlichen Gedanken umgeben, die auf sie zurückfallen.

In diesem Buch wird Geduld als Haupteigenschaft dargestellt, die für die Praxis und Ausbildung von telepathischen Kräften unerlässlich ist. Die Geduld ist tatsächlich eine der Grundfesten dieser alten Kunst, und ich muss sagen, dass es nicht die Haupttugend der heutigen Generation ist, die gewohnt ist, dass alles «sofort» zu haben ist. Bei meiner Aufgabe, die Arbeit von W. E. B. weiterzuführen, begegne ich vielen Menschen, die ihre enormen psychischen Gaben nicht zum Erblühen bringen, weil sie nicht genügend Zeit dafür bereitstellen. Jedes Training kennt Augenblicke der Langeweile für den

Schüler, doch wenn genügend Wille und Hingabe vorhanden sind, geht dieser Moment vorbei und nach einer «Dürreperiode» folgt ein neuer Schritt nach vorn. Es reicht nicht, ein paar Bücher zu lesen und ein paar Versuche zu wagen: Die versteckten Fähigkeiten müssen mit derselben Beharrlichkeit getestet und ausgebildet werden, als wollte man Arzt oder Ingenieur werden.

Im dritten Kapitel werden unter der Überschrift «Ein bildliches Bewusstsein» einige gute Ratschläge dazu gegeben, wie man das Bild aufbaut, das man telepathisch auszusenden wünscht. Zusätzlich zum eigentlichen Vorgang ist darin vom Gebrauch von Duftstoffen und Klängen die Rede. Die Fähigkeit, ein brauchbares Bild von etwas herzustellen, um es dann auf den Bildschirm des eigenen Gehirns zu projizieren, bildet einen weiteren Teil des psychischen Trainings. Es dient dazu, die Verwobenheit solcher Fähigkeiten zu illustrieren, weil jede für den Erfolg der anderen abhängt. Wenn Sie das nicht einzusetzen wissen, was man bei der okkulten Arbeit kreative Vorstellungskraft nennt, werden Sie beim Aussenden und Empfangen von Bildern wahrscheinlich nicht sehr weit kommen.

W. E. B. macht uns klar, dass das Unterbewusste ein Bild weitaus besser zu vermitteln mag als Worte dies tun. Da dem so ist, sollte die Kunst des Aufbauens von Gedankenbildern täglich geübt werden, bis jedes gewünschte Bild sofort auf unserem inneren Bildschirm erscheint. Die meisten okkulten Schulen machen es sich zur Aufgabe, ihre Schüler darin zu unterrichten, wie sie den vollsten Gebrauch von dieser bestimmten Fähigkeit machen können, indem sie bei der Meditation mit symbolischen Bildern arbeiten und ihnen innere Wege vor Augen führen, die einer sehr raffinierten Form von Tagträumen entsprechen. Dies ist für die Telepathie von derartiger Wichtigkeit, dass ich jenen, die sich dieses Werks annehmen wollen, raten würde, sich mehrere Wochen oder gar Monate darin zu üben, bis sie mit der eigentlichen telepathischen Arbeit beginnen.

Dies führt uns natürlich zum Studium der Symbolik, einem weiteren Teilstück im schwierigen Muster der okkulten Ausbildung. Partner, die zusammenarbeiten, sollten eine ähnlich gelagerte Kenntnis der Symbole haben, und damit meine ich nicht bloss jene, denen man häufig begegnet, sondern das ganze Spektrum der traditionellen Symbologie, die oft eine ihr ganz eigene Sprache anbietet. Es ist durchaus möglich, eine Botschaft in Symbolform abzufassen, wenn Sender und Empfänger sich derselben Interpretationen bedienen.

Es gibt eine Methode, in Symbolen zu lesen und zu schreiben, die heutzutage in vielen Schulen angewandt wird, und die sich den speziellen Bedürfnissen autistischer Kinder widmet. Diese Methode wurde von Karl Blitz erfunden, einem Österreicher, der in der Nähe der russischen Grenze aufwuchs, und der sie auch als erster anwandte. Schon früh in seinem Leben kam er zu dem Schluss, dass unsere Abneigung fremden Völkern gegenüber dadurch motiviert wird, dass wir ihre Sprache und ihr Denken nicht verstehen. Während er die Universität Wien als diplomierter Chemiker verliess, faszinierte ihn nach wie vor der Gedanke einer Symbolsprache, die allen zugänglich wäre.

Kurz vor dem Zweiten Weltkrieg wurde er in ein Konzentrationslager geschickt, wo, wie er sagte: «Menschen wegen blosser Worte umgebracht wurden.» Nach seiner Befreiung kam er nach England, wo er seinen Namen zu Charles Bliss (= Verzückung) änderte. Nachdem er einige Zeit in London gearbeitet hatte, gingen er und seine Frau nach Schanghai. Dort begann er sich für die chinesische Symbolik zu interessieren. Vor allem beeindruckte ihn die Tatsache, dass die Ideographien der schriftlichen Sprache von allen verstanden werden können, auch wenn es im Chinesischen Hunderte von verschiedenen Dialekten gibt. Er machte sich an die Erforschung von Bildsprachen.

Im Jahre 1943 wurde er wieder gefangengenommen, diesmal von den Japanern, doch er fuhr mit seiner Arbeit fort. Nach dem Krieg liess er sich in Australien nieder, wo der lange Kampf um die Anerkennung seiner Ideen begann. Heute wird die Blisssche Symbolik bei der Ausbildung von behinderten Kindern auf der ganzen Welt angewandt. Sie ist dermassen flexibel, dass sie sogar die kompliziertesten und abstraktesten Gedanken auszudrücken vermag und sich als perfekter symbolischer Schlüssel für telepathische Versuche anbietet. Wenige Stunden genügen, um Bliss ziemlich schnell lesen und schreiben zu können, nach einigen Wochen beherrscht man es perfekt. Es wäre durchaus möglich, ein Buch wie dieses in Blisssymbolen abzufassen; dasselbe Buch könnte dann von einem Chinesen, einem Russen, einem Franzosen oder einem Schweden verstanden werden: Nur ein paar Lektionen und sie alle könnten es lesen und seine Bedeutung verstehen. Als ich dieser Methode das erste Mal begegnete, war mir sofort klar, dass sie im okkulten Bereich viele Anwendungsmöglichkeiten haben und sich sowohl bei ASW wie auch bei telepathischen Versuchen bewähren dürfte. Die von ihr eingesetzten Symbole sind sehr einfach, man kann sie sich leicht merken und deshalb auch bald jemanden anderem zusenden.

Für die, die sich für diese Methode interessieren, gibt es eine ausgezeichnete Einführung von Barbara Hehner, *Blisssymbols for Use*, die im Blisssymbols Communication Institute in London erschienen ist.

Es ist kaum zu vermeiden, auf die anfangs zitierten Worte W. E. B. s zurückzukommen, denn hier haben wir es mit einem neuen Denkansatz zu tun, einem Kommunikationsmittel, das für Menschen entwickelt wurde, die sich nicht im üblichen Sinn ausdrücken können. Doch könnte sich gerade dieses System als nützlich erweisen, unsere Beziehungen auf eine höhere und neue Stufe anzuheben. Dies ist ein neuer Gedanke, der ausprobiert, diskutiert und entwickelt werden kann. Es ist äusserst wichtig, gerade auf dem Gebiet des Okkulten nicht selbstzufrieden zu sein. Es reicht nie und nimmer, sich nur auf das zu verlassen, was jemand anderes gesagt oder getan hat, auch wenn es sich dabei um eine Kapazität wie W. E. B. handelt. Leute wie er sind Wegbereiter im wahrsten Sinne des Wortes: Sie zeigen uns den Weg und ziehen sich dann zurück. Haben sie ihre Arbeit gut gemacht, werden ihre Schüler sie weiterführen und danach streben, sie zu verbessern. «Lehrer», sagte W. E. B., «sind wie die Sprossen einer Leiter. Ein Schüler bedient sich des Wissens seines Lehrers, um sich mit dessen Hilfe emporzuarbeiten, dann ist es an ihm, jemand anderem auf dem Weg nach oben zu helfen. Bleiben Sie offen für Neues, prüfen Sie es, um zu sehen, ob Sie es brauchen können, und wenn es der Mühe wert ist, seien Sie bereit, sich danach zu richten.»

Oft hemmen wir unseren Fortschritt durch unsere negative Lebenseinstellung. Wir denken zuerst an das, was wir *nicht* können und bauen Hürden vor uns auf, über die wir dann springen müssen. Jemand, der nach okkulten Grundsätzen arbeitet, begegnet dem Leben ganz anders als andere Leute. Statt zu versuchen, es zu bekämpfen und/oder zu beherrschen, versucht er es zu «spüren», einen Kontakt herzustellen und mit dem Strom zu schwimmen. Oft denken wir an das Leben, als sei es ein abstraktes Ding, doch ist dies etwas, an dem wir teilhaben und das wir beeinflussen können, wenn wir es nur richtig anpacken. Leider ist für neun Zehntel der Menschheit das Leben eine Last, die ertragen werden will. Sowie es aber nur ein kleines bisschen Hefe braucht, damit das Brot aufgeht, wird jeder Gedanke der Liebe, des Glücks und der Kraft, den man telepathisch aussendet, das Leben in seiner Ganzheit erhellen.

Das gehört zum telepathischen Heilen auf Weltebene, denn nicht die Menschen allein sollen geheilt werden, es ist die Seele der Welt und ihrer Völker, die stets von jenen verletzt wird, die in ihrem Bannkreis leben. So gross sie auch ist, ist sie doch ein Gebilde, das in erster Instanz vom Menschen selbst geschaffen wird und so auch von ihm zerstört werden kann, wenn sein Wille sich stark genug darauf richtet. Deshalb ist es wesentlich, unsere Gedanken in Richtung dessen auszudehnen, was man in spirituellen Gemeinschaften «Planetares Bewusstsein» nennt. Entsprechend diesem Prinzip geht jede geistige Arbeit vom innersten Wesen aus und arbeitet sich zu neuen Grenzen vor. Würden wir bei telepathischen Sitzungen mehr nach einem Einklang mit der Weltenseele trachten, dürften wir dabei einige interessante Resultate erzielen.

Die jungen Leute, die heutzutage diese Art von Werk angehen, verfügen über eine Energie, eine Kraft und ein Gefühl von Dringlichkeit, die es zu W.E.B.s Zeiten nicht gab. Doch er half die Aufbauarbeit leisten, die uns an die Schwelle eines neuen Jahrhunderts geführt hat. Er mag mit den Jahren alt geworden sein, im Herzen blieb er jung. Er hatte immer mehr als genügend Zeit für junge Leute und freute sich über ihre Ideen und Pläne für die Zukunft. Er sagte, wo ein Wille ist, würden sich auch Geduld und Verständnis einstellen; das spricht für sein

eigenes Verständnis des Themas und für seine Men-
schenkenntnis, deshalb werden seine Bücher auch heute
noch in der ganzen Welt gelesen. Er machte sich mit der
direkten Art des Yorkshirers an sein Thema, und es war
diese Art zu lehren, ganz ohne Schein und Umschweife,
die ihn bei seinen Schülern so beliebt machte.

Ich nehme an, dass seine Arbeit mit der Zeit als über-
holt gelten wird, ein Schicksal, dass allen Autoren droht,
doch wird es immer solche geben, die in ihm den wahren
Lehrer erkennen, weil sie zwischen den Zeilen zu lesen
verstehen.

Vor vielen Jahren, nicht lange nachdem mein Mann
und ich W. E. B. kennengelernt hatten, besuchte ich ihn
mit meinen Kindern in dem Tudor-Häuschen, das sein
Zuhause war. Meine damals neunjährige Tochter war
während langer Zeit ungewöhnlich still, dann ging sie,
kurz bevor wir aufbrachen, zu ihm hinüber und nahm
seine Hand. «Du erinnerst mich an den Kentauren Cheiron», sagte sie. «Das war auch ein Lehrer.» Darüber
musste er sehr lachen. «Du kommst der Sache näher als
du weisst», meinte er. Von diesem Tag an war er unser
Cheiron. Wie sein Vorgänger dieses Namens war er den
vielen, die sich an ihn wandten und seinen Rat suchten,
ein Lehrer und wurde von allen respektiert und geliebt.

Dolores Ashcroft-Nowicki

Vorwort

In diesem Buch habe ich versucht, einige Vorschläge darüber zu unterbreiten, was man unter dem Begriff Telepathie verstehen kann. Ein grosser Teil davon beruht auf meinen eigenen Erfahrungen auf diesem Gebiet, wobei jeder, der sich auf ernsthafte Weise mit einem gegebenen Thema auseinandersetzt, der Verpflichtung obliegt, das Wissen, das bereits vor seiner Zeit gesammelt wurde, zu berücksichtigen. Es gibt auf jedem Gebiet nur einige wenige Praktiker, die ihren Vorgängern wenig oder nichts schulden.

Eine grosse Mehrheit unter uns tut gut daran, sich zu vergegenwärtigen, dass wir unseren Vorfahren heute nur deshalb so überlegen scheinen, weil wir geistig und philosophisch auf ihren Schultern stehen. Wir stehen auf immer in der Schuld der Vergangenheit, und wir werden es uns niemals leisten können, diese zu übergehen. So ist es auch bei einem Buch wie diesem, auch wenn wir beim Umgang mit dem Gegenstand der Telepathie behindert sind durch einen ausgesprochenen Mangel an schriftlicher Information und viel von dem, dessen wir uns bedienen, derart kompliziert dargestellt wurde, dass es für einen normalen Sterblichen äusserst schwierig ist, sich daraus eine klare Meinung zu bilden.

Hauptquelle für das wenige vorhandene Schriftgut ist die *British Society for Psychical Research*. Es gibt auch noch eine oder zwei weitere Quellen, doch bleibt die Gesellschaft (im Text S. P. R.) *die* Autorität auf diesem Gebiet. In den letzten Jahren sind von manchen parapsychologischen Gesellschaften Studien unternommen worden, die einige Resultate auf dem Gebiet der Telepathie gezeitigt haben, doch auch hier gilt zu bedenken, dass diese dem Laien nicht leicht zugänglich sind. Mit meiner Arbeit habe ich versucht, die wichtigsten Vorgänge der Telepathie in einfacher Form wiederzugeben, doch vor allem enthält sie die Ergebnisse meiner eigenen Forschung und Erfahrungen auf diesem Gebiet, das sich der Untersuchung der versteckten Kräfte des Menschen widmet.

Gnothi se auton sagten die alten Griechen – erkenne dich selbst –: Dieser Rat wird uns, wenn befolgt, auf den Weg zur Entfaltung unserer inneren Kräfte führen.

Schliesslich möchte ich mich für den Beistand und die Hilfe bedanken, die mir von vielen meiner Kollegen gewährt worden sind; der grösste Dank gebührt jedoch meiner Frau. Dieses Buch soll jenen helfen, die sich zum erstenmal mit diesem Thema befassen, es soll aber auch jenen dienen, die bereits einige Erfahrungen auf diesem Gebiet gesammelt haben. Dies ist mein aufrichtiger Wunsch, und in dieser Hoffnung sende ich es in die Welt hinaus.

William E. Butler

Was ist Telepathie?

Wenn eine eigenartige Begebenheit auf geistigem Gebiet den Durchschnittsmenschen aus seinen gewohnten Gedankenmustern aufrüttelt, hört man ihn oft ausrufen: «Das ist ja Telepathie!», auch wenn dieses geflügelte Wort in den meisten Fällen fehl am Platz ist. Deshalb wollen wir den Ausdruck «Telepathie» vorweg definieren, da es sicher wahr ist, dass die Definition der eigenen Ausdrücke vor späterem Streit bewahrt, wie schon der grosse Dr. Johnson wusste. Das Wort Telepathie entstand in den frühen Tagen der S. P. R., die in viktorianischer Zeit gegründet wurde, um jene aussergewöhnlichen Vorkommnisse zu untersuchen, die man heute allgemein «paranormale Phänomene» nennt. Unter den Gründern der Gesellschaft waren Professor Sidgwick, Frank Podmore und F. H. Myers, ein klassischer Gelehrter und Dichter von beachtlichem Rang. Er schuf den Namen Telepathie, der aus zwei griechischen Wörtern besteht, die zusammen «fühlen auf Abstand» bedeuten. Dieser Begriff wurde geprägt, um alle angeblichen Fälle von aussersinnlicher Tätigkeit zu umfassen, die eine «Handlung auf Abstand» zwischen zwei oder mehr Personen beinhalten. Myers eigene Erklärung für den Begriff war, dass er die «Kommunikation von Eindrücken jeder Art von einem Gehirn zum anderen» umfassen sollte, welche *«unabhängig von den anerkannten Sinneskanälen stattfinden.»*

Diese Definition ist umfassend genug, um den meisten paranormalen Phänomenen gerecht zu werden, doch prägten er und seine Kollegen noch einen weiteren Begriff für diese telepathische Aktion und Reaktion, wenn es sich dabei um deren *bewusste* Ausübung handelt. So entstand der Ausdruck «Gedankenübertragung», und im allgemeinen gilt die Telepathie als das grössere und umfassendere Gebiet, von dem die Gedankenübertragung nur ein einziger Aspekt ist. Wie wir später sehen werden, gibt es noch weitere Spezialgebiete, mit denen wir uns auseinandersetzen müssen, doch werden wir für den Moment das Wort Telepathie sowohl für die bewusste wie auch für die unbewusste Übertragung von Gedanken, Gefühlen, Wünschen – vielleicht auch von anderen Dingen – verwenden. Nachdem die S. P. R. gegründet worden war, machten sich ihre Mitglieder daran, die Phänomene der Telepathie und der Gedankenübertragung von zwei verschiedenen Seiten zu studieren. Einmal sammelten sie vielerlei Fälle von spontanen Äusserungen der Telepathie und untersuchten diese gründlich; gleichzeitig starteten sie eine Reihe von sorgfältig entworfenen Versuchen in Gedankenübertragung.

Ein internationaler Ruf
Es ist für unsere derzeitigen Betrachtungen nicht nötig, weiter auf die Geschichte der S. P. R. einzugehen, doch möchte ich noch bemerken, dass sie sich auf internationalem Gebiet den Ruf einer Gesellschaft erwarb mit sehr hohen wissenschaftlichen Ansprüchen in bezug auf *alle* paranormalen Vorkommnisse. Das von der S. P. R. gesammelte Material hat also einen hohen Aussagewert. Während sie es anerkennen und wertschätzen, mögen manche von uns sich allerdings wünschen, der Bezugsrahmen der Gesellschaft wäre etwas weiter gesteckt, da

wir der Meinung sind, es sei auf diesem Gebiet seit den Gründertagen der S. P. R. sehr viel passiert.

Gleichzeitig gilt es zu beachten, dass die Gesellschaft *als Ganzes* aussersinnlichen Dingen gegenüber keine bestimmte *offizielle* Haltung einnimmt. Jedes Mitglied kann seine eigenen Beobachtungen machen und aus den vorliegenden Beweisen seine eigenen Schlüsse ziehen, doch kann niemand im Namen der Gesellschaft sprechen und behaupten, diese oder jene Aussage entspreche der *offiziellen* Meinung der S. P. R.

Ganz abgesehen von den grundsätzlichen Arbeiten dieser Gesellschaft, werden auch anderenorts auf diesem Gebiet viele Untersuchungen unternommen. Dies gilt ganz besonders für die Sowjetunion, doch haben es die Kommunisten schwer, weil sie vom dialektischen Materialismus Lenins und Marx dominiert werden, so dass die erforschten Phänomene in einen rein materialistischen Rahmen gesetzt werden müssen. Da die Telepathie nicht denselben Gesetzen unterliegt wie andere bekannte materielle Energien, haben Forscher hinter dem Eisernen Vorhang sicher grosse Schwierigkeiten, eine Lösung zu finden, um telepathische Phänomene in die allgemeine Ideologie des dialektischen Materialismus einzugliedern.

Es gibt auch andere, die nicht an eine besondere Ideologie gebunden sind, und die zu verstehen versuchen, wie weit die Telepathie die Möglichkeit eines menschlichen Überlebens nach dem Tode begünstigt oder entkräftet. Es gilt zu beachten, dass dabei die *Tatsache* der Telepathie nicht angezweifelt wird, ausser von einer kleinen Gruppe von eingefleischten «Wissenschaftlern», deren Mentalität von der gleichen Sorte zu sein scheint wie die jener Leute, die trotz aller gegenteiliger Beweise immer noch darauf beharren, die Erde sei flach.

Die Verehrung des Wissenschaftlers

Natürlich besteht beim Publikum die allgemeine Reaktion, alle diese Dinge automatisch als einen «Haufen ... Blödsinn» abzutun, wobei man sich das entsprechende Adjektiv beliebig aussuchen kann. Doch auch solch kompromisslose Zweifler mögen privat zugeben, dass schon etwas dran sei, und «die Wissenschaft es mit der Zeit schon rauskriegen wird». Diese übermässige Verehrung des Wissenschaftlers lässt sich mit der früheren Verehrung der Geistlichkeit vergleichen. Ein Wissenschaftler, der diesen Namen verdient, ist jedoch jemand, der bei seinen Untersuchungen eine bestimmte geistige Disziplin einhält, und jeder, der sich diesen Methoden unterwirft, darf von sich behaupten, ein Wissenschaftler zu sein. Ein Wissenschaftler beobachtet Phänomene, um daraus gewisse Theorien abzuleiten, die diese erklären und es ermöglichen, sie zu reproduzieren, wobei er sich von verschiedenen Seiten an seine Versuche heranwagt. Schliesslich fasst er die Resultate dieser Experimente in Form einer Hypothese zusammen. Diese Theorie, denn das ist eigentlich alles, was es ist, wird nun von anderen Wissenschaftlern aufs genaueste überprüft und wahrscheinlich bald als modifiziert gelten, weil die Versuche der zweiten Forschergruppe deren besondere Wertvorstellung berücksichtigt haben. Auch gibt es viele Wissenschaftler, die, wie Theologen, neue Theorien deshalb nicht akzeptieren können, weil sie nicht in ihr eigenes Gedankenschema passen, und solche Menschen geben ihr Bestes – oder ihr Schlimmstes – daran, um sowohl diese Theorie als auch die Person ihres Protagonisten in Verruf zu bringen.

In allem menschlichen Denken besteht die Tendenz, sich der Meinung der Mehrheit anzuschliessen, man widerstrebt instinktiv jedem Fortschritt, besonders wenn es so aussieht, als müsse man dafür seine Meinung ändern. Nicht nur wird dagegen angekämpft, sondern man ist oft regelrecht aufgebracht. Unsere Geschichte zeigt nur allzu deutlich, zu welchen Tiefen auch redliche Menschen sinken können. Dies ist vor allem dem sehr mächtigen Herdentrieb zu verdanken, der uns gefühlsmässig von vornherein gegen jede Veränderung einnimmt, die die etablierte Ordnung der Dinge durcheinander bringt. Also hat das menschliche Denken die Tendenz, sich entlang ausgetretenen Pfaden zu bewegen, und daran ist nicht leicht etwas zu ändern. Ein solcher Pfad kann aber auch zum Grab unabhängigen Denkens werden, wie dies viele vor mir bemerkt haben. Wie die Geschichte zeigt, unterliegen alle menschliche Organisationen diesem Trägheitsprinzip. Das beweist aber auch, dass es immer wieder Momente gegeben hat, in denen manche Menschen vom «geraden Weg» abgekommen sind, ob dieser nun wissenschaftlicher, medizinischer, religiöser oder ideologischer Natur war.

Paranormale Phänomene
Gegenwärtig sind wir Zeugen einer Reihe von Bewegungen in Richtung eines neuen Denkens, neuer Lebensperspektiven und neuer Forschungsansätze auf Gebieten, denen von orthodoxen Institutionen früher mit Verachtung begegnet wurde. Es gibt viel Dummheit, Gutgläubigkeit und fanatisches Denken über diese aussersinnlichen Erscheinungen. Dies gilt nicht nur für jene, die die Möglichkeit von psychischen und okkulten Phänomenen akzeptieren, sondern auch für die Gegenseite, die dumme Äusserungen macht, einem kompulsiven Glauben huldigt und sich weigert, überhaupt irgendeinen Beweis gelten zu lassen, und die ebenso fanatisch in ihrer Anklage und Verfolgung derer ist, die nicht so denken

wie sie. Tatsächlich kann man sagen, dass diese Verfolgung sich proportional zur Rigidität der betreffenden Gruppe verhält. Diese beiden extremen Haltungen heben sich jedoch so ziemlich auf und können getrost übergangen werden, damit beide die Sache untereinander ausfechten können – unter Berücksichtigung ihrer jeweiligen Vorurteile, versteht sich. Hier hoffen wir, an offene und liberale Geister aller Schichten zu geraten und diese mit gewissen Informationen zu konfrontieren, die es ihnen ermöglichen, den telepathischen Aspekt des Aussersinnlichen sowohl theoretisch als auch praktisch zu untersuchen, und dies in wahrem wissenschaftlichem Geist.

Manche mögen dabei sofort an Laborinstrumente denken – an Reagenzgläser, Bunsenbrenner oder elektrische Geräte –, die für sie unzertrennlich mit der Arbeit des Wissenschaftlers verbunden sind. Dies ist nur teilweise richtig, denn alles hängt von der Art der Untersuchung ab, die ein Wissenschaftler vorhat, und ob es sich dabei um Physik, Chemie, Biologie, Elektronik, Psychologie oder ein anderes Fach handelt, um nur einige zu nennen. Alle haben sie ihre Instrumente, und manche dieser Apparaturen sind sehr kompliziert. Andere begnügen sich wiederum mit sehr einfachen Mitteln. Auf dem Gebiet der psychischen Wissenschaften benötigen die meisten Leute wenig technische Hilfe. Das Hauptinstrument ist man selbst, auch wenn man sich einiger Aufzeichnungsgeräte bedienen mag.

So weit die Situation, wie sie vom wissenschaftlichen Standpunkt her aussieht. Dieser ist ein wichtiger Bestandteil unserer Arbeit, wenn wir Resultate hervorbringen wollen, die auch der strengsten Kritik standhalten können. Die meisten Leute kümmern sich jedoch wenig um die offizielle Seite der Wissenschaft. Sie wollen einfach für sich selbst herausfinden, ob es eine solche Kraft wie die der Telepathie tatsächlich gibt, wie sie funktioniert, wie sie von normalen Menschen entwickelt wird und was man damit anfangen kann. Dies führt uns in den Bereich moralischer Werte und Urteile, denn die Gabe der Telepathie kann, wie alle Gaben, zum Guten oder zum Bösen eingesetzt werden.

Nach diesen einleitenden Bemerkungen gehen wir nun zu den allgemeinen Bedingungen über, unter denen die Telepathie funktioniert, wie auch zu den verschiedenen Formen, die sie annehmen kann. So kommen wir also jetzt zu den Grundvoraussetzungen zur Erweckung dieser Fähigkeit und zu den Techniken für ihre Verwirklichung. Wieviel ein jeder dabei von den wissenschaftlichen Methoden anwendet, sei ihm überlassen. Je mehr Ihre Arbeit sich mit den Massstäben der Wissenschaft messen lässt, um so eher wird sie akzeptiert werden. Es ist die Meinung des Autors, dass auch hier der Mittelweg der beste ist, denn man kann auch zu streng vorgehen. Die Versuchsobjekte, mit denen wir es bei unseren telepathischen Versuchen zu tun haben, sind weder leblose chemische Substanzen, noch mechanische Instrumente, auch wenn einiges von diesem Material verwendet werden kann. Unser Hauptinstrument ist das lebende, denkende, fühlende menschliche Wesen, und diesen Umstand gilt es immer wieder zu bedenken. Wenn man dieses persönliche Element vergisst, wie man es in der Vergangenheit immer wieder ausser acht gelassen hat, führt es zu keinen oder zu schlechten Resultaten.

Veränderliche Stimmungen

Auch wenn die Fähigkeit zur Telepathie bei allen vorhanden ist, verlangt deren Entwicklung unendliche *Geduld*, eine Eigenschaft, die in dieser schnellebigen und unruhigen Zeit nicht sehr häufig anzutreffen ist. Wie gesagt, sind wir lebendige, empfindsame und menschliche Wesen, deren geistiger und gefühlsmässiger Zustand sich immer wieder verändert und so die Bedingungen beeinflusst, unter denen unsere Versuche stattfinden. Diese Stimmungsschwankungen werden sowohl beim «Sender» als auch beim «Empfänger» beobachtet. Vor allem aber gibt es eine Gefühlslage, die von einem viktorianischen Forscher folgendermassen beschrieben wird, und die es zu kultivieren gilt: «Wir sollten uns damit bescheiden, uns demütig vor der Natur zu verneigen und ihr zu folgen, wohin sie uns führt.»

Am Anfang Ihrer Arbeit sollten Sie möglichst streng vorgehen, später werden Sie gelernt haben, in welchen Situationen eine entspannte Atmosphäre besser ist und welche einen straffen Rahmen brauchen. Auch sollten Sie sich anfänglich mit den bestehenden Tatsachen auseinandersetzen. Der Aufbau einer Theorie kommt erst später.

Wenn man sich ein neues Gebiet vornimmt, ist es töricht, alles zu ignorieren, was früher darüber geschrieben wurde. Ohne auf das Wissen anderer zurückzugreifen, heisst, nur langsam voranschreiten, und so sollte man sich das Material vornehmen, das über dieses Thema bereits veröffentlicht worden ist. Es ist gut möglich, dass andere, die in derselben Richtung arbeiten, Vorschläge über alternative Ansätze gemacht haben, die Ihnen zu neuen Einsichten verhelfen. Auch können andere vor uns den Beweis erbracht haben, das eine bestimmte Gedankenrichtung sich nicht zu verfolgen lohnt, und uns so davor bewahren, einer kalten Spur nachzugehen. Später, wenn wir vertrauter sind mit der Materie, werden wir vielleicht auch entdecken, dass manche dieser Untersuchungslinien vielleicht doch einen Wert haben – womöglich könnten Misserfolge beim ursprünglichen Forscher zu finden sein.

In diesem Zusammenhang möchte ich kurz daran erinnern, dass früher Tonnen von Pechblende fortgeworfen wurden, nur weil sie nicht das bestimmte Metall enthielten, wonach man suchte. Das Ehepaar Curie nahm sich dieser Abfälle an und entdeckte, dass darin eines der seltensten und wichtigsten Metalle der Erde enthalten ist: Radium. Dies ist ein klassischer Fall dafür, wie man das Kind mit dem Bade ausschüttet! Deshalb kann es durchaus interessant und möglicherweise auch nützlich sein, wenn wir nach Festhalten unserer eigenen Befunde zurückblicken auf frühere Versuche, die damals keine Resultate erbrachten. Es kann schon sein, dass eine neue Annäherung und neue Gesichtspunkte neue Fakten ans Licht fördern.

Wenn man Büchern wie diesem zum erstenmal begegnet, ist es immer eine grosse Versuchung, die einführenden Kapitel zu überspringen. Manche Leute bilden sich auf eine solche Praxis sogar etwas ein, denn ihnen ist daran gelegen, gleich zum Wesentlichen vorzudringen – zu den Übungen. Einführende Bemerkungen wie diese haben jedoch einen zweifachen Wert. Einmal bieten sie dem Leser eine gewisse Übersicht über das Thema, andererseits aber geben sie ihm auch die Möglichkeit, seine eigenen Vorkenntnisse zu ergänzen. Sie sind deshalb sinnvoll, weil sie den Geist auf die praktische Arbeit vorbereiten, die uns bevorsteht.

Materielle Voraussetzungen
für Versuche

Es ist auf jedem Forschungsgebiet von Vorteil, wenn man sich einen gewissen Überblick verschafft, und dies gilt ganz sicher für das Gebiet der Telepathie. Auch wenn wir vielleicht nicht genau wissen, *was* alles dazu gehört (abgesehen von vagen Ahnungen), müssen wir uns doch vor Augen halten, dass kein Thema isoliert betrachtet werden kann. Es hängt immer mit vielen Gebieten zusammen, von denen manche sehr kompliziert sind und nur einen indirekten Bezug zu unseren Forschungen haben.

Ethische Überlegungen

Bevor wir uns die Telepathie im einzelnen vornehmen, ist es angebracht, erst einmal unsere «Motive» für die Beschäftigung mit dieser Kraft zu untersuchen. Warum interessiert uns also die Telepathie? Es kann sich natürlich um einfache Wissbegierde handeln, doch reicht so etwas nicht aus, um eine Sache gründlich zu erforschen, denn was machen wir mit unseren Befunden, wenn unsere Neugier einmal gestillt ist? Telepathie kann, wie jede andere Geistesgabe, sowohl zum Guten als auch zum Schlechten angewandt werden – in sich selbst verhält es sich neutral. So begeben wir uns auf das Glatteis von Ethik und Moral und tauchen in ein Meer von entgegengesetzten Auffassungen ein, den auseinanderlaufenden «Bräuchen» und Gewohnheiten der verschiedenen

Sippen unserer Zivilisation. Wir können uns in diesem moralisch-immoralisch-amoralischen Morast an Gedanken und Gefühlen leicht verlieren, wenn wir nicht ein paar einfache Richtlinien haben, an die wir uns halten können, einen Ariadne-Faden, der uns durch dieses geistige Labyrinth führt.

Jemand von grosser Bedeutung in der kommunistischen Welt schrieb einst, dass, was der kommunistischen Partei diene, für alle wahr und richtig sei. Also, was die Partei nicht unterstützt, ist *ipso facto* schlecht und falsch. Diese Art Denken ist viel verbreiteter als man im allgemeinen vermutet und bildet die Grundlage für den Grossteil unseres Denkens über jedes Thema, an dem wir ein besonderes Interesse haben. Und wo es um unsere Interessen geht, haben wir bald das Gefühl, wir würden unserem Denken schaden. Diese Opposition neuen Gedanken gegenüber ist natürlich eine rein emotionale und irrationale. Und so sieht sich jeder neue Gedanke der unbegründeten Reaktion des Grossteils der Menschheit gegenüber: «Es kann nur wahr sein, wenn es mir nützt.» Auch wenn man diese vereinfachte Aussage auf mehrere verschiedene Arten ausdrücken und man sich Phrasen bedienen kann, die das Gesicht wahren, ist dies doch die grundsätzliche Reaktion der meisten Leute. Wenn wir unsere eigenen Motive für unser Studium der Telepathie untersuchen, werden wir diese Gefahr sicher in der einen oder anderen dunklen Ecke unseres Bewusstseins lauern sehen. Was letztlich heisst, dass wir alle nur Menschen und fehlbar sind.

Doch gibt es gewisse Richtlinien, die für unsere Zwecke in drei kurzen Sätzen zusammengefasst werden können. Erstens sollten wir nicht versuchen, die telepathischen Fähigkeiten, die wir entwickeln mögen, für unsere rein persönlichen Zwecke einzusetzen. Zweitens sollten wir diese neue Gabe in den Dienst von Gott und der Menschheit stellen: wir sollten wissen, um zu dienen. Drittens aber sollten wir unsere telepathischen Kräfte unter gar keinen Umständen dazu missbrauchen, jemand anderen *gegen dessen ausgesprochenen Willen* zu beherrschen, auch nicht, indem wir ihn zu etwas «überreden». Wir sind uns voll bewusst, dass diese Ratschläge perfektionistisch sind. Im allgemeinen können wir das Ideal, das wir zu verwirklichen trachten, nicht erreichen, doch tun wir gut daran, diese Regeln im Vordergrund unseres Denkens zu behalten, wenn wir es mit paranormalen Dingen zu tun haben.

Die Aura
Rund um jeden Menschen gibt es ein sehr reelles psychisches Energiefeld. Dieses nennt man im allgemeinen die «Aura», und es gibt eine Menge Dummheiten, die in Zusammenhang mit diesem Begriff verbreitet werden. Für unsere Zwecke genügt es zu wissen, dass eines Menschen Aura eine natürliche Abgrenzung gegenüber der Aussenwelt bildet, und dass man diese persönliche Schranke ohne die Zustimmung des Betreffenden nicht durchbrechen darf. Öffnet sich uns ein Mensch freiwillig, können wir ihn auf direkte, telepathische Art beeinflussen – wenn wir uns unserer Motive sicher sind. Doch sollte ein solches Einverständnis nie durch fragliche Methoden erreicht werden. Man darf dazu keine Drogen verwenden und vor allem den Kontakt zwischen Freunden und Liebenden nicht ausnutzen.

Man sollte sich vor Augen halten, dass auf der psychischen Ebene dieselben Gesetze wie auf der materiellen herrschen, und auch wenn wir uns nicht immer entsprechend verhalten, ist es letzten Endes doch so, dass wir ernten, was wir säen. Es gibt eine wahre Ethik, die nicht nur über die Bräuche der Sippen herrscht, sondern das Gesetz von Ursache und Wirkung anerkennt, das auf allen Ebenen des menschlichen Daseins gültig ist. Was nun unser Thema der Telepathie anbelangt, können wir sagen, dass es dabei bestimmte grundsätzliche Überlegungen der moralischen Verwantwortung gibt, die es zu berücksichtigen gilt. Jeder, der gegen diese Regeln verstösst, wird die Folgen einer solch törichten Haltung früher oder später am eigenen Leib spüren, wie ich dies während der vielen Jahre meiner praktischen Arbeit auf diesem Gebiet schon oft habe beobachten können.

Allgemeine Bedingungen

Wir kommen nun zu jenen allgemeinen Bedingungen, die sich in der Praxis der Telepathie bewährt haben. Dies ist ein etwas undankbares Thema, weil viele sogenannte «Wissenschaftler» immer wieder darauf bestehen, die Bedingungen ihres eigenen Gebiets vorbehaltlos auf jeden Versuch zu übertragen, zu dem sie sich auf aussersinnlichem Gebiet herablassen, und dabei völlig übersehen, dass es gerade diese Bedingungen sind, die den Erfolg des Experiments verunmöglichen.

Hätten wir nämlich zum Beispiel die Möglichkeit, einen Steinzeitmenschen zu fotografieren, und er würde sich ausbedingen, erst den Film aus der Kamera nehmen zu dürfen, um diesen zu untersuchen, wäre all unsere Liebesmüh vergebens, da unser Film vom selben Licht zerstört würde, das es uns unter normalen Bedingungen erlaubt hätte, eine perfekte Aufnahme zu machen. Unser Ärger über den Ausruf unseres steinzeitlichen Freundes, die Fotografie sei ein Schwindel, wäre dem vergleichbar, was Erforscher von psychischen Phänomenen empfinden, wenn sie derselben steinzeitlichen Mentalität unter dem Deckmantel der Wissenschaftlichkeit begegnen.

Deshalb sollte man anfänglich nicht auf allzu strenge Bedingungen bestehen, auch wenn sich diese mit der Zeit näher umgrenzen lassen dürften. Nach und nach wird sich unabhängig von persönlichen Schwankungen ein gewisses Muster herauskristallisieren, dass Ihnen bei Ihren Untersuchungen als Rahmen dienen mag.

Auch wenn es sich empfiehlt, wenn zwei Personen, die sich an einem telepathischen Versuch beteiligen, aus praktischen Gründen die Bezeichnungen «Sender» und «Empfänger» zu benutzen, hat die Erfahrung gezeigt, dass dies zwar nach aussen hin zutreffen mag – dass der Sender «sendet», der Empfänger «empfängt» –, die inneren Prozesse, durch die der Sender seine Botschaften dem Empfänger zur Entschlüsselung übermittelt jedoch nicht ganz gleich sind. Es zeigt sich aus einer Reihe von Untersuchungen, dass der Empfänger sich in der Mehrheit der Fälle nicht wie ein bloss passiver Spiegel für die Bilder des Senders verhält: Der Empfänger kontaktiert den Sender genauso aus dem Innern seines Bewusstseins heraus und «empfängt» so das Bild, das im Geist des Senders besteht.

Bei dieser Art der telepathischen Übertragung trifft die übliche Analogie zum Radio nicht zu. Es können mehrere Abstufungen der telepathischen Übermittlung auftreten, und diese Tatsache bringt ein Element der Komplexität in unsere Arbeit ein. Es stellt sich ebenfalls heraus, dass die Vorstellung von der Entfernung, auf der der Sender den Empfänger zuweilen wähnt, die von ihm hervorgebrachten Resultate stark beeinträchtigt. Stellt sich der Sender vor, der Empfänger befände sich in seiner unmittelbaren Nähe, werden die Resultate plötzlich um einiges besser. Dies scheint die okkulte Lehre zu bestätigen, dass die innere Distanz eine Frage der Sympathie ist und wenig mit dem eigentlichen Abstand zu tun hat. Auf jeden Fall scheint es zu helfen, wenn der Sender sich so verhält, als befände sich der Empfänger im Nebenzimmer, denn dies erlaubt die bei weitem besten Resultate.

Die telepathische Ausbildung

Nun kommen wir zur Frage der eigentlichen Ausbildung telepathischer Fähigkeiten. Viele, die auf diesem Gebiet tätig sind, scheinen der Meinung zu sein, die telepathische Gabe sei etwas, das man nicht zu üben braucht – man hat sie oder man hat sie nicht. Jene aber, die dieser Frage etwas sorgfältiger nachgegangen sind, haben begriffen, dass diese Fähigkeit erst erweckt, dann gefestigt und sorgfältig ausgebildet werden kann. Dazu gibt es eine Reihe von Methoden, doch ist es vor allem sehr wichtig, sich fest zu wünschen, die telepathische Kraft möge sich zeigen, damit diese auch wirklich aktiviert werden kann.

Wir sehen um uns herum die ganze Zeit Beispiele von unbewusster oder spontaner Telepathie, was darauf schliessen lässt, dass es nur wenig braucht, um diese ins Wachbewusstsein zu rufen. Ist dies einmal geschehen, gilt es zu üben, damit es nicht zu dem kommt, was man ein «spontanes Talent» genannt hat, unzuverlässig und unsicher in der Anwendung. In gewissen okkulten Organisationen ist die Ausbildung telepathischer Kräfte zu einer hohen Kunst perfektioniert worden, und so tritt dort eine Qualität der Telepathie auf, wie ich ihr ausserhalb solcher Logen selten begegnet bin. Es gibt jedoch nichts Geheimes an den Methoden dieser Okkultisten; vor allem legen sie grossen Wert auf die systematische Ausbildung von sowohl Sender *als auch* Empfänger. Dabei ist es durchaus möglich, dass eine Gruppe von Leuten eine kombinierte Botschaft an eine Einzelperson aussendet, genauso wie ein einzelner mit einer grösseren Gruppe kommunizieren mag. Ich bin beiden Formen begegnet und habe dabei festgestellt, dass es die regelmässige und disziplinierte Übung ist, die Ergebnisse zeitigt.

Doch schenken wir jetzt unsere Aufmerksamkeit den näheren Bedingungen, unter denen unsere Versuche durchgeführt werden sollten. Als erstes müssen wir uns dabei unserem Thema als etwas Möglichem nähern, wir müssen glauben, dass es so etwas wie die Telepathie geben kann. Dieser Glaube mag nicht mehr und nicht weniger als den geistigen Versuch beinhalten, uns dem Gegenstand unserer Studien gegenüber neutral zu verhalten.

Es wird allgemein angenommen, der Sender müsse sich längere Zeit auf das Gedankenbild, das er auszusenden wünscht, «konzentrieren». Man glaubt auch, der Sender müsse seine Botschaft um so intensiver übermitteln, wenn der Aufenthaltsort des Empfängers sich in einiger Entfernung befindet. Beides ist nicht wahr, denn die Zeitspanne, während der Sender aktiv ist, kann den blossen Bruchteil einer Minute betragen, und eine stärkere Konzentration über längere Zeit kann jede Gedankenübertragung verhindern.

Die eigentliche Maschinerie der Telepathie findet sich sowohl in den unbewussten Schichten des Geistes des Senders und des Empfängers. Man braucht lediglich vom Sender zu verlangen, dass er sich ein so klares Bild wie möglich von dem Gedanken macht, den er auszusenden wünscht und dies mit dem dazugehörigen Gefühl verbindet. Es ist oft die mangelnde emotionelle Aufladung, die den Sensitiven scheitern lässt. Moderne Parapsychologen haben begonnen, diesen Umstand zu begreifen, und verwenden nun bei der Übertragung andere Bilder als die der Zener-Karten oder geometrische Diagramme.

Absicht und Visualisierung

Das durch die bewusst ausgerichteten Bemühungen des Senders zustande gekommene, gefühlsgeladene geistige Bild ist nun unter den bestmöglichen Bedingungen auf dessen eigenes Unbewusstes übertragen worden. Dies bringt uns zu einigen Überlegungen betreffend «Absicht» und «Visualisierung». Der Begriff der Absicht, wie er hier verwendet wird, ist ein Akt des Willens, durch den wir die geistige Maschinerie des Unbewussten für die auszuführende Aufgabe öffnen. Es soll eine *ruhige und stete* Willensanstrengung sein, die allzu heftige Bemühungen ausschliesst. Dasselbe gilt für alle feineren psychischen Phänomene, wie auch für das regelmässige Üben von Konzentration, Meditation und Visualisierung.

Dazu eine Geschichte aus den frühen Tagen von Dr. Annie Besant, die damals noch Schülerin des theosophischen Genies Helena Blavatskys war. Dr. Besant hatte sich hingesetzt und versuchte, sich entsprechend der ihr von Madame Blavatsky gegebenen Anweisungen zu konzentrieren. Plötzlich bemerkte Madame Blavatsky ganz sanft: «Meine Liebe, ich habe das Gefühl, als würden Sie sich mit den Augenbrauen konzentrieren.» So machte sie Dr. Besant darauf aufmerksam, dass sie die Muskeln ihres Gesichts anstrengte, weil sie sich so sehr bemühte, das «Richtige» zu tun.

Die meisten Anfänger machen denselben Fehler, der sich aus der engen Verbindung zwischen unserem Körper und unserem Geist ergibt, die den Körper auf die verschiedenen geistigen und emotionellen Spannungen reagieren lässt. So entsteht eine «Körpersprache», die dies automatisch zum Ausdruck bringt. In unserer telepathischen Arbeit nimmt sie oft die Form einer Stimme an, die uns gerade dann anspricht, wenn wir sie am wenigsten brauchen können, und eine unserer ersten Aufgaben besteht darin, sie zum Schweigen zu bringen. Dies geschieht, indem man sich zur Entspannung anhält. Dafür gibt es vielerlei Techniken, doch die hier vorgeschlagene hat den Vorteil, sowohl einfach, als auch äusserst wirksam zu sein. Auch gibt es bestimmte Atemübungen, die dabei sehr helfen können. Hat man einen entspannten Zustand erreicht, ist man als Sender bereit, dem Empfänger, der sich in einen ähnlichen Zustand versetzt hat, die Botschaft zu übermitteln. Wir haben bereits erwähnt, dass man sich dabei nicht allzusehr anstrengen soll. Um den betreffenden Gedanken auszusenden, braucht man sich davon nur ein so klares Bild wie möglich zu machen. Dies tut man, indem man das geistige Bild klar visualisiert, und dies bedeutet wiederum, dass man seine Visualisierungskraft vorher ausbilden muss, denn auch wenn man bereits über ein gutes Vorstellungsvermögen verfügt, ist es von Vorteil, wenn man diese auch zuverlässig einzusetzen weiss.

Projizierte Bilder
Es gibt Leute, die auf jede glatte Oberfläche schauen können, zum Beispiel auf ein Stück Papier, und darauf ein Bild entstehen lassen, das auch von anderen erkannt werden kann. Hier handelt es sich um geteilte Telepathie, und es sind in dieser Richtung eine Vielzahl von Versuchen unternommen worden. Ich kannte einst ein kleines Mädchen, dass erstaunlich genaue Schattenumrisse von Personen zeichnen konnte. Als ich sie fragte, wie sie das machte, antwortete sie: «Ich denke nach und zeichne dann einen Strich um meinen Gedanken.» Hier wurde ganz eindeutig ein visualisiertes Bild auf ein Stück Papier übertragen.

Ein Beispiel für eine weitere solche Kategorie ist der

Sensitive Otto von Bourg, der solche Bilder in einer Kristallkugel erscheinen lassen konnte. Auch diese Bilder konnten von anderen gesehen werden, die gleichzeitig wie er in die Kugel schauten. Hier könnten aber auch andere Faktoren als die Telepathie mitgespielt haben. Dieser kleine Exkurs in das Gebiet der kreativen Visualisierung mag uns etwas aufgehalten haben, doch kann man gar nicht genug betonen, wie wichtig die Visualisierung für die erfolgreiche Praxis der Telepathie wirklich ist.

Um nun aber auf unseren Sender zurückzukommen: Dieser setzt sich also in entsprechendem Zustand hin und bekräftigt seine Absicht, das Bild oder die Vorstellung von seinem Geist auf sein hochempfindliches Unterbewusstsein zu übertragen, um darauf die entsprechenden unbewussten Geistesebenen des Empfängers anzusprechen. Wenn die nötigen Voraussetzungen vorhanden sind, wird seine Botschaft auf den bewussten Geist des Empfängers einwirken und so von ihm aufgenommen werden. Wie gesagt, müssen dabei *die Bedingungen* stimmen, denn es tritt oft eine eigenartige Verzögerung auf, die bei telepathischen Versuchen besonders häufig ist. Dabei wird die Botschaft zwar zum Zeitpunkt der Übertragung empfangen, doch aus irgendeinem Grund zurückgehalten oder auch völlig unterdrückt. Dies hat mit den Aktivitäten des bewussten Gehirns zu tun. Bei der experimentellen Arbeit gibt es allerdings meist einen zwingenden Grund, der dazu führt, dass die empfangenen Bilder sofort auftauchen. Wie dies vor sich geht, hängt vor allem vom psychologischen Typ des Empfängers ab. Dieser kann eine innere Stimme hören, ein Bild sehen oder eine bestimmte Vorstellung hegen. Manchmal ist es aber auch ein klares und eindeutiges «Wissen» – ohne jegliches Bild. Es kann auch ein starker geistiger Eindruck sein. Auch gibt es Fälle, wo der bewusste Geist des Empfängers gar nicht erst betroffen ist, und wo die Botschaft durch automatisches Schreiben zum Ausdruck kommt. Es kann auch vorkommen, dass mehr als einer dieser Kanäle gleichzeitig benutzt werden.

Ein Fall von automatischem Schreiben

Im Zusammenhang mit dem Empfangen von telepathischen Botschaften mittels automatischem Schreiben sind viele Fälle in den Annalen der psychischen Forschung verzeichnet. W. T. Stead, Journalist und Reformist, der beim Untergang der *Titanic* ums Leben kam, verfügte über die Fähigkeit, telepathische Botschaften auf diese Weise von anderen zu empfangen, wie auch Fräulein E. K. Bates, eines der frühen Mitglieder der S. P. R., und es gibt viele andere, die ihre Erfahrungen mit dieser Art von telepathischem Empfang niedergeschrieben haben. Einst gelang es auch mir, und dieses Beispiel dürfte für den Leser von Interesse sein.

Zu jener Zeit lebte ich einige Meilen von London entfernt, wo auch mein Lehrer in diesen Dingen lebte. Eines Tages folgte ich einem Impuls, ganz ohne vorher darüber nachgedacht zu haben. Ich nahm Papier und Bleistift und bereitete mich auf eine paranormale Botschaft vor. Zu meiner grossen Überraschung schrieb ich: «Ich bin in der Schweiz und wohne in einem Hotel hoch oben in den Alpen. Ich sitze auf der Terrasse und betrachte den Sonnenuntergang über den Schneebergen.» Es war mein Lehrer!

Diese Botschaft kam als völlige Überraschung, da ich nicht wusste, dass er die Stadt verlassen hatte. Um der Sache nachzugehen, rief ich seine Londoner Telefonnummer an. Die Haushälterin war am Apparat und sagte mir, der Herr des Hauses würde sich in der Schweiz aufhalten. Als ich meinen Lehrer das nächste Mal sah, fragte ich ihn nach der Botschaft. Er sagte, alles würde haargenau stimmen, doch sei er sich nicht bewusst gewesen, etwas ausgesandt zu haben. Dies war auch bei den Freunden von W. T. Stead der Fall, die durch automatisches Schreiben meiner Hand mit ihm kommunizierten. Auch hier handelte es sich um unbewusst ausgesandte Botschaften, deren Inhalt sich jedoch mit den Tatsachen deckte. Es scheint also, dass ein Teil unseres inneren Bewusstseins auf paranormaler Ebene sehr aktiv sein kann, ohne dass der bewusste Verstand etwas davon weiss.

Körperliche und psychologische Bedingungen

Wir wenden uns jetzt der kurzen Andeutung zu, die wir im letzten Kapitel zum Begriff der «Distanz» machten. Es war davon die Rede, wie der Sender beim Aussenden seiner Botschaft dadurch beeinflusst wird, ob er sich vorstellt, der Empfänger befinde sich ganz in seiner Nähe oder weiter weg, und wie dieser Faktor die Resultate der Versuche mitbestimmt. An dieser Stelle möchte ich mich nun ausführlicher zu dieser Frage äussern, da sie tatsächlich von wesentlicher Bedeutung ist.

Wir sind es gewohnt, unsere Umgebung als durch Raum und Distanz von uns getrennt wahrzunehmen, und ein normales Leben auf dieser Welt wäre denn auch unmöglich, würden wir uns nicht an diese Abstände halten. Leider besteht die Tendenz, den Gedanken des materiellen Abstandes auch auf die nicht-physische Ebene zu projizieren, auf der wir unsere telepathischen Versuche abhalten. Wir sind es gewohnt, uns als «eingekapselte» Wesen zu sehen – als Lebenseinheiten, die von allen anderen Dingen getrennt existieren –, doch werden wir uns nach einiger Erfahrung im Umgang mit telepathischen und psychischen Kräften bald davon überzeugen, dass es Aspekte unseres inneren Wesens gibt, die immer in einer Art Kontakt mit allen anderen Lebenseinheiten stehen. Auch wenn dem so ist, wird uns die Annahme, der Empfänger befinde sich durch einen Abstand vom Sender getrennt, negativ beeinflussen, und die Resultate unserer

Vorstösse werden davon abhängig sein. Der Gedanke, dass wir unsere Botschaft über eine gewisse räumliche Distanz übermitteln müssen, wird von uns als eine Art Einschränkung empfunden werden, die uns dazu führt, innerlich daran zu zweifeln, ob wir in der Lage sein werden, unsere Gedanken so weit zu projizieren. Unser Unbewusstes, das immer bereit ist, den kleinsten Suggestionen unseres bewussten Geistes zu folgen, wird deshalb reagieren, indem es die Resultate unserer Versuche einschränkt. Wenn wir uns jedoch den Empfänger als jemanden vorstellen, der sich in unserer unmittelbaren Nähe befindet, wird das Unbewusste auch diesem Gedanken entsprechen und unserem Gefühl der Distanz nicht stattgeben, um unsere Resultate zu beeinträchtigen.

Das ganze Konzept von «weit» und «nah» nimmt eine neue Form an, wenn wir anfangen, bei unseren telepathischen Versuchen Erfolg zu haben; dann beginnen wir, auf eine neue Art zu denken und erlangen so eine gewisse Freiheit von dem durch den Körper eingeschränkten Denken, dem wir normalerweise ergeben sind.

Ein festes System
Bis jetzt haben wir uns nur mit den Hauptbedingungen abgegeben, die es zum Erfolg in der Telepathie braucht. Es gibt natürlich auch andere Voraussetzungen, die uns entweder helfen oder stören können. Deren erste besagt, dass wir uns ein eindeutiges System zu eigen machen sollten, mit dem wir an unsere Versuche herangehen können. So sollten alle Resultate sofort und nach jedem Versuch schriftlich festgehalten werden, und nichts davon darf auf später verschoben werden. Das menschliche Gedächtnis ist etwas Unzuverlässiges; wir neigen ganz unbewusst dazu, den Ablauf der Dinge geistig zu verän-

dern, wenn wir sie nicht auf der materiellen Ebene irgendwo festgehalten haben. Wir neigen dazu, gewisse Dinge zu betonen und andere zu vergessen, eine Tatsache, die Polizeibeamten und anderen, die auf Zeugenaussagen angewiesen sind, hinreichend bekannt ist. Wenn Sie Ihre Versuche jedoch lediglich als interessante Studien dessen angehen, was Ihnen paranormal erscheinen mag, können Sie natürlich viele dieser Voraussetzungen übergehen.

Mancheiner mag beim Lesen das Gefühl gehabt haben, als mache ich das Ganze viel zu kompliziert, denn es würde genügen, sich hinzusetzen und zu «wollen», dass der Empfänger den übermittelten Gedanken auffängt, um Ergebnisse zu zeitigen, ohne dass man sich dazu mit allerlei Vorbereitungen abplagen müsste, wie ich sie vorgeschlagen habe. Dies mag für viele Leute tatsächlich reichen, und doch ist das, was hier dargelegt wurde, nicht nur das Resultat einer langjährigen Erfahrung auf diesem Gebiet, sondern gewissermassen ein von mir entwickeltes System, das einen seriösen Umgang mit einem Thema ermöglicht, das sich in der Vergangenheit oft einer rationellen Darstellung entzogen hat.

Will man sich die Mühe machen, diesem System zu folgen, sollte nicht nur das eigentliche Experiment schriftlich verfolgt werden, auch das Wetter, die Mondphasen und die atmosphärischen Spannungen spielen eine grosse Rolle und sollten verfolgt und niedergeschrieben werden. Alle psychischen Phänomene werden durch subjektive Reaktionen auf atmosphärische Veränderungen beeinflusst. Zum Beispiel hat die Stellung des Mondes einen eindeutigen Einfluss auf uns Menschen, und solche Einzelheiten können betonte Veränderungen in der psychischen Verfassung des einzelnen mit sich bringen.

Ablenkungen

Auch die unmittelbaren Bedingungen, unter denen der Versuch stattfindet, sollen festgehalten werden. Dies sind zum Beispiel die Temperatur des Raumes, in dem der Versuch stattfindet, oder mögliche Ablenkungen wie laute und störende Geräusche (Manchmal kann das monotone und beharrliche Ticken einer Uhr sehr lästig sein.), die Form des Zimmers und letztlich auch die psychische Verfassung der Teilnehmer – vor allem von Sender und Empfänger. Man braucht gute, bequeme Stühle. Diese dürfen nicht zu hart sein, damit die Anwesenden nicht mit ihren Gedanken bei diesem Umstand verweilen, noch dürfen sie zu weich sein – kurzum, sie sollten bequem sein. Während der Versuche sollte die Aufmerksamkeit auch nicht gewaltsam auf den Körper gelenkt werden, deshalb soll keine unbequeme oder einengende Kleidung getragen werden. Schliesslich ist es äusserst wichtig, dass Sender und Empfänger sich in einer ruhigen Gemütsverfassung befinden. Es sollten zuvor also keine heftigen Auseinandersetzungen stattfinden oder vorweg Meinungen über den Ablauf der Versuche ausgetauscht werden, denn solche Gefühlsregungen verhindern das Auftreten psychischer Fähigkeiten, oder wenn sie sich zeigen, könnten sie statt des gewünschten geistigen Bildes sehr wohl die gefühlsgeladenen Gedanken des Senders reflektieren. Dies wäre immer noch Telepathie, doch kann man kaum behaupten, es sei dies das Resultat einer *kontrollierten* Arbeit. Es geht nicht darum, dass diese Art von Telepathie falsch oder unzulässig wäre, denn die meisten Fälle von spontaner Telepathie haben einen emotionellen Inhalt, doch tendieren bei kontrollierten Versuchen die Gefühle dazu, die Resultate negativ zu beeinflussen.

Eine der wichtigsten Voraussetzungen bei der experimentellen Telepathie ist die Geduld! Es gibt so viele Menschen, die versuchen, mit ASW, der Telepathie oder sonstigen psychischen Phänomenen zu arbeiten, und die nicht realisieren, dass man bei der ersten Sitzung kaum mit Resultaten rechnen darf – auch nicht bei der fünften, und die aus diesem Grund das Ganze bald angewidert fallen lassen. Kürzlich hörte ich jemanden sagen: «Ja, ja, die Telepathie. Ich habe es ein paarmal versucht, doch ist nichts dabei herausgekommen. Ich hege da so meine Zweifel.» Was diese Leute vergessen, ist, dass es in uns möglicherweise *aussersinnliche* Wahrnehmungsorgane gibt, die ähnlich wie die äusseren Sinnesorgane funktionieren, und die auf Eindrücke reagieren, die von einer paranormalen Quelle ausgehen. Die Sinnesorgane unseres Körpers haben sich über viele Millionen Jahre hinweg entwickelt, und es ist möglich, dass unsere aussersinnliche Wahrnehmungskraft nicht so entwickelt ist. Es tauchen in zunehmendem Masse Menschen auf, in denen diese Sinne aktiv zu sein scheinen, und auch wenn diese Sinne in vielen Fällen vom Wachbewusstsein nicht wahrgenommen werden, braucht es nur wenig, damit wir uns ihrer gewahr werden.

Psychische Bedingungen
Menschen mit dieser Art Erfahrungen geben die besten Empfänger ab, denn es sind diese «von Natur aus Sensitiven», die ihre Gabe durch den praktischen Einsatz erweitern und vergrössern, um so zu einer grösseren Handlungsfreiheit auf telepathischem Gebiet zu gelangen. Man kann nicht immer gleich wissen, ob jemand telepathische Kräfte hat oder nicht; nur wiederholte Versuche können den endgültigen Beweis erbringen. Eines ist aber klar, denn wie wir bereits festgestellt haben, sind telepathisch veranlagte Menschen den äusseren Umständen

gegenüber oft sehr empfindlich, und so haben die erwähnten Einflüsse von Sonne und Mond, des Wetters und der Gefühlszustand des Betreffenden viel zum Erfolg oder Misserfolg eines jeden Versuchs beizutragen. Diese Empfindlichkeit äusseren Einflüssen gegenüber bringt ein Element der ständigen Ungewissheit in unseren Forschungsbereich ein und kann jeden Versuch negativ beeinflussen, bis man sie unter Kontrolle gebracht hat. Daher ist es sehr wichtig, dass die Teilnehmer an einem telepathischen Versuch realisieren, dass Sender und Empfänger menschliche Wesen sind und deshalb emotionelle Reaktionen zeigen mögen, die Grund für den Erfolg oder das Scheitern eines Versuchs sein können.

Wir schlagen deshalb vor, eine Serie von etwa zehn Vorversuchen durchzuführen, ohne dass man dem Sender oder dem Empfänger sagt, in welchen Fällen ihre Bemühungen zum Erfolg geführt haben. Dies wird sie vor Niedergeschlagenheit bewahren, dass es anfänglich einen hohen Prozentsatz an Fehlschlägen gibt. Nimmt man eine Einheit von zehn Übertragungen als Massstab an, kann man die erreichten Fortschritte leicht messen. Meistens ergeben sich dabei anfänglich mehr Misserfolge als Erfolge, es sei denn, man ist von Anfang an an zwei Menschen geraten, die nicht nur sehr sensitiv, sondern, und das ist viel wichtiger, gefühlsmässig auf einander abgestimmt sind. Im Okkultismus heisst es in diesem Zusammenhang: «Die besten Resultate erreicht man, wenn man die richtige Substanz dem richtigen Patienten verabreicht.» Es gibt eine moderne Version dieses Spruchs, der besagt, zwei Menschen würden «wie Gabel und Messer» zueinander passen. Diese Sympathie der Gefühle ist meistens das Anzeichen für eine tiefere innere Sympathie, den sogenannten *Rapport*.

Es ist deshalb angebracht, unter mehreren Leuten ein erstes Team von drei oder vier Paar Sendern und Empfängern zusammenzustellen, um diese zu kombinieren, bis sich zeigt, wer am besten zu wem passt. Das erste Paar bildet die Vorhut unserer Untersuchungen. Wenn man weiss, dass sich unsere telepathischen Kräfte durch deren systematischen Einsatz ausprägen, kann man annehmen, dass sich nicht nur unser erstes Forscherpaar entwickeln wird, und so sollten sich auch die anderen Mitglieder der Gruppe als Sender und Empfänger versuchen. Bei diesen weiteren Paaren mag der Erfolg geringer sein, doch da jede telepathische Reaktion sich durch Übung verstärken lässt, wird man bald über ein zweites Team verfügen. Auch dieses Paar kann mit der Zeit durchaus erfolgreich sein, was wieder einmal beweist, dass Beharrlichkeit der halbe Erfolg ist.

Langeweile führt zu Fehlern

Es ist von Personen, die die Resultate solch psychischer Versuche analysiert haben, wiederholt festgestellt worden, dass der Fehleranteil sich vergrössert, wenn die Versuchspersonen sich bei den Versuchen «langweilen». Dieser Faktor bleibt immer unsicher, da die Menschen sehr verschieden reagieren. Haben unsere Versuche zu lange gedauert oder verliert man aus anderen Gründen das Interesse, fangen die Fehler sich zu häufen an, bis es praktisch keine Erfolge mehr zu verbuchen gibt. Wenn die Versuche jedoch nicht zu lange dauern und die Botschaften einen interessanten Inhalt haben, wird der Prozentsatz an Erfolgstreffern steigen. Ist der individuelle *Rapport* zwischen zwei Personen einmal entwickelt und *gefestigt* worden, neigt sich die Waage normalerweise bald einmal der Erfolgseite zu, und mit etwas Übung werden die Versuche immer weniger von Gefühlen und anderen Faktoren abhängig sein, die ihrem Gelingen zuvor im Wege standen. Auch wird man herausgefunden haben, wie und wodurch die Versuche beeinträchtigt werden, und dem kann man jeweils Rechnung tragen.

Beschränkt sich der Sender auf ein einziges geometrisches Symbol, ein Kreuz, ein Viereck und dergleichen, oder auf einen einfachen bildlichen Umriss, wird er sich nicht nur langweilen: Seine Gedanken beginnen zu wandern, was einen beträchtlichen Einfluss auf die Konzentrationsübungen hat, die ich angehenden Telepathen als passendes Training empfohlen habe.

Ein «bildliches» Bewusstsein

Unser Unterbewusstes ist hauptsächlich ein «bildliches Bewusstsein» und reagiert viel stärker auf Bilder und Objekte als auf abstrakte Gedanken. Mit Bildern meine ich natürlich nicht nur *visuelle* Bilder, es geht auch um Projektionen der anderen Sinne wie Gerüche, Gefühle und Geräusche. Wenn die auszusendende Botschaft mehr als eine dieser Sinneswahrnehmungen vermittelt, hat sie eine grössere Chance, vom Unterbewussten des Empfängers aufgenommen zu werden.

Einführungen in die Kunst der Meditation heissen uns meist mit einem einfachen Bild beginnen, den erwähnten geometrischen Figuren zum Beispiel, um die Aufmerksamkeit so lange wie möglich daran zu fesseln. Aus Erfahrung meine ich, dass diese Methode die Dinge unnötig kompliziert und bestimmt zu der Art von Langeweile führen wird, die der totalen Konzentration, um die es sich bei der Telepathie handelt, abträglich ist. Was man auch immer für ein Bild nimmt, um die Konzentrationsfähigkeit zu schulen: Es sollte so interessant wie möglich sein und, gleich unseren telepathischen

Botschaften, eine Reihe von Bildern enthalten, die von allen Sinnen beigesteuert werden.

Wie gesagt, gilt dieses Prinzip auch für die telepathische Übertragung. Ein Beispiel dafür wäre, wenn man den Sender bittet, das Bild eines Rosenstrauchs in voller Blüte zu übermitteln. Er sollte dabei nicht nur das visuelle Bild vor Augen haben, sondern auch den Duft der Blüten, die Frische der Blätter und den scharfen Stich der Dornen an den Stengeln. Das *visuelle* Bild kann effektiver übermittelt werden, wenn man es von seiner Umgebung abtrennt, damit nicht manches vom Hintergrund unbewusst mitgeteilt wird, das nicht zu dem Bild gehört, das man auszusenden wünscht. Auch wenn einige Details vom Empfänger registriert werden, können sie leicht als unwichtig abgetan und der Versuch als Fehlschlag empfunden werden. Tatsächlich kann es sich dabei aber sehr wohl um Telepathie gehandelt haben, auch wenn das eigentliche Bild nicht aufgenommen wurde.

Eine Methode, um das Bild von seinem Hintergrund zu isolieren, ist der Künstlertrick, die Augen mit den Händen abzuschirmen, um so jeden Gegenstand der Umgebung, ausser dem gewünschten, auszuschliessen. Man kann sich auch eine Pappröhre verschaffen, durch die man wie durch ein Fernrohr auf das Bild schaut. Für mich hat sich letztere Methode als die wirksamste erwiesen.

In diesem Kapitel haben wir versucht, gewisse Voraussetzungen der psychischen und körperlichen Bedingungen einer erfolgreichen telepathischen Praxis zu erläutern. Es gibt noch andere, doch diese treten in den tieferen Schichten der telepathischen Ausbildung auf und werden später besprochen, wenn es um diese selteneren Aspekte geht. Im übrigen möchten wir darauf hinweisen, dass entgegen den landläufigen Vorstellungen Männer genauso gute Empfänger sein können wie Frauen. Das Geschlecht hat wenig mit dieser Fähigkeit zu tun, auch wenn es das weibliche Element in jedem von uns ist, das uns dafür empfänglich macht. Es gibt also viele Männer, die diese Gabe im höchsten Mass besitzen und dazu ausgebildet werden können, ausgezeichnete Empfänger zu sein.

Die Ausbildung
telepathischer Fähigkeiten

Im letzten Kapitel haben wir die allgemeinen Bedingungen angesprochen, die bei der telepathischen Gedankenübertragung eine Rolle spielen. Nun wenden wir uns der Praxis und somit der Ausbildung von Sender und Empfänger zu, wie auch einer ausführlichen Beschreibung der bei der telepathischen Arbeit angewandten Methode. Manche Leser mögen sich wundern, dass *alle* an einem telepathischen Versuch Teilnehmenden einer Ausbildung bedürfen. Dies ist jedoch unerlässlich, auch wenn wir bis anhin nur die Ausbildung von Sender und Empfänger erwähnt haben, ist es äusserst wichtig, dass sich alle Beteiligten wie eine Einheit verhalten und jeder dank der ihm entsprechenden Technik zu den Resultaten beisteuert. So müssen Sender und Empfänger lernen, einer Methode zu folgen, die es ihnen ermöglicht, einen exakten wissenschaftlichen Bericht über ihr Vorgehen abzufassen.

Wie erwähnt, ist es – manchmal – tatsächlich möglich, telepathische Eindrücke zu übermitteln, indem man sich hinsetzt und einfach «will», dass die Botschaft empfangen wird. So gelingt es – manchmal – auch, sich einfach hinzusetzen und seinen Geist zu «leeren» (übrigens ein ziemlich schwieriges Unterfangen), um so die projizierten Botschaften zu empfangen. Es ist ebenfalls möglich, einen exakten und wissenschaftlichen Bericht über diese Vorgänge zu verfassen, ohne es gelernt zu haben, doch ist auch das nicht so einfach, wie es klingen mag.

Sender und Empfänger

Wenden wir uns nun der Ausbildung des Senders oder «Agenten» zu. Dieser muss sich übrigens auch als Empfänger üben, und der Empfänger sollte auch aussenden können. Eine Schulung beider Fähigkeiten beugt einer möglichen Voreingenommenheit und der einseitigen Entwicklung vor, da bei dieser Arbeit der Ausgleich eine wichtige Voraussetzung bildet. Allerdings sind die Gefahren einer einseitigen Entwicklung grösser für den Empfänger als für den Sender, da ersterer unter Umständen zu empfindlich auf äussere Einwirkungen reagieren kann. Beide Ausbildungen sind getrennt vorzunehmen, auch wenn sie sich in grossen Teilen überschneiden. Zuerst sehen wir uns kurz die Ausbildung des Senders an. Hier wird die eigentliche Botschaft vom bewussten Verstand abgefasst und auf das Unbewusste des Senders übertragen. Derselbe Mechanismus findet auch beim Empfänger statt, nur dass die Botschaft hier, ausser beim automatischen Schreiben, aus dem Unterbewusstsein auftaucht und sich dann im bewussten Verstand manifestiert. In beiden Fällen ist das Unbewusste der eigentliche Agent, und es gilt einerseits, die vom Sender bewusst abgefasste Botschaft auf dessen Unterbewusstes, anderseits vom Unterbewussten des Empfängers auf dessen bewussten Gewahrsein einwirken zu lassen.

Entspannungs- und Atemtechniken

Deshalb muss ein Weg gefunden werden, um diese beiden Geistesebenen miteinander zu verbinden, so dass das Unterbewusste sozusagen ins Wachbewusstsein übergeht. Dies kann durch den Einsatz von Entspannungs- oder Atemtechniken geschehen, wie sie in esoterischen Schulen normalerweise benutzt werden. Das Prinzip, worauf diese Übungen beruhen, fusst auf der

Tatsache, dass der normale Mensch sich, besonders heutzutage, in einem ständigen Stresszustand befindet, was zu einer ungewollten Verkrampfung zwischen Körper und Geist führt. Lernt der Körper sich entspannen, kann auch der Verstand sich freier bewegen. Nun ist der meiste Stress in Wirklichkeit emotioneller Natur, und da Atem und Gefühle in enger Beziehung zueinander stehen, eignen sich die folgenden Übungen besonders gut für die telepathische Praxis. Wenn Sie sich davon überzeugen möchten, dass Atem und Gefühl tatsächlich zusammenhängen, wird Ihnen der folgende kleine Versuch nützlich sein:

Wenn Sie sich mitten in einem Zustand emotionellen Stresses befinden, fangen Sie an, *langsam* ein- und auszuatmen. (Man zähle beim Einatmen bis fünf, halte den Atem zwei Schläge an, atme fünf Schläge aus und wartet nochmals zwei Sekunden bis zum erneuten Einatmen.) Wenn Sie mit dieser Atmung auch nur eine Minute fortfahren, werden Sie feststellen, dass Ihre Gefühle sich wesentlich beruhigt haben. Der Trick ist, dass sie gar keine heftigen Gefühle aufbringen können, während sie langsam und tief atmen. Die hinduistischen Yogis stiessen schon vor vielen Jahrhunderten auf diese Tatsache und entwickelten gewisse Atemtechniken, die diesem Prinzip Rechnung tragen. Manche dieser Übungen eignen sich mehr für indische Körper und nicht so sehr für den Westen, dessen Psychologie und Körperentwicklung sich sehr von der östlichen unterscheidet. Es gibt jedoch westliche Entsprechungen der östlichen Übungen, und die, die ich hier angegeben habe, funktioniert recht gut.

Beim Anhalten des Atems sollte man die Kehle nicht schliessen: Benutzen Sie Ihre Brustmuskulatur, um den Brustkorb davon abzuhalten, in sich zusammenzufallen. Würde jemand die richtige Stelle Ihres Brustkorbs berühren, während Sie den Atem anhalten, darf es keinen Widerstand in der Kehle geben; die Luft muss jederzeit entweichen können. Dieses tiefe Atmen massiert übrigens das Sonnengeflecht, jenes Nervenzentrum, das eng mit den Gefühlen zusammenhängt, auf sanfte Art und reduziert so den Stress in dieser Gegend und verhindert unwillkürliche emotionelle Reaktionen.

Diese Reduktion von nervösen Spannungen beeinflusst den ganzen Körper und lockert Muskelverkrampfungen. Man kann sie vertiefen, indem man folgende Übung macht:

Setzen Sie sich ruhig auf einen bequemen Stuhl und machen Sie eine Minute lang die angegebene Atemübung. Sie können sich natürlich auch hinlegen, doch auch dann darf die Unterlage nicht zu weich sein. Nun konzentrieren Sie sich auf Ihren Kopf und ziehen Sie dabei die Kopfhautmuskeln zusammen. Entspannen Sie sie wieder und gehen Sie darauf zu Ihren Gesichtsmuskeln über. Spannen und entspannen Sie dabei besonders die Stirn. Nun gehen Sie den gesamten Körper entlang und spannen Ihre Muskeln an, um sie dann wieder zu entspannen, bis Sie jeden Körperteil von Kopf bis Fuss durchgegangen sind. Anfänglich werden Sie die Neigung verspüren, gewohnte Spannungen automatisch wieder aufzunehmen, doch hört dies mit etwas Übung bald auf, und Sie werden in der Lage sein, sich in völlig entspannter Haltung zu erholen. Es ist ein sehr meditativer Zustand, und ist es Ihnen einmal gelungen, diesen zu erreichen und einige Zeit lang ohne grössere Anstrengung aufrechtzuerhalten, können wir zum nächsten Schritt übergehen.

Der konditionierte Reflex

Nehmen Sie irgendein Wort oder ein Symbol, das Ihnen gefällt, und verbinden Sie es mit dem Gefühl der ruhigen, angenehmen Entspannung, die Sie bereits kennen. Mit der Zeit wird dieses Wort jedesmal, wenn Sie es laut oder leise für sich sagen, oder das betreffende Symbol visualisieren, zum gewünschten Entspannungszustand führen. Ist es Ihnen gelungen, das Wort oder Symbol mit diesem Zustand zu verbinden, haben Sie eine Technik gemeistert, die man «konditionierter Reflex» nennt.

Sie können natürlich auch mit Ihren telepathischen Versuchen beginnen, ehe Sie diese Technik gemeistert haben. Der einzige Unterschied besteht darin, dass Sie je nach Fortschritt in der Kunst der Meditation, mehr Erfolge und weniger Misserfolge verbuchen werden. Je intensiver Sie deshalb meditieren, um so besser.

Ein typischer Versuch

Nun kommen wir zu einer detaillierten Beschreibung eines vorsätzlichen telepathischen Versuches. Erstens einmal muss der Raum, in dem dieser Versuch stattfindet, eine vernünftige Temperatur aufweisen, es darf darin weder zu heiss noch zu kalt sein, denn beide dieser Extreme würden Sie nur in Ihrer Arbeit behindern. Nachdem Sie sich bequem hingesetzt haben, sollte es Ihnen möglich sein, sich jedes beliebige Bild vorzustellen, ohne sich dabei übermässig anstrengen zu müssen. Das Bild selbst kann flach vor Ihnen auf dem Tisch liegen, man kann es aber auch aufrecht vor sich aufbauen oder einen Halter von der Art benutzen, wie ihn Sekretärinnen beim Abschreiben verwenden. Feste Gegenstände kann man einfach auf den Tisch stellen. Wenn sich der Empfänger im selben Raum wie der Sender befindet, muss man Vorkehrungen treffen, damit dieser die Gegenstände nicht sieht, und dies erreicht man am besten, indem man den Tisch abschirmt, auf dem die Bilder oder Gegenstände sich befinden, und an dem der Sender sitzt. Der Empfänger kann Ohrenpfropfen benutzen, die ihn davor bewahren, auch nur vom geringsten Geräusch gestört zu werden.

Einer der Anwesenden sollte Protokoll führen. Seine Arbeit besteht darin, die Bilder, Symbole oder Gegenstände vorzulegen, die beim Versuch benutzt werden sollen, und er muss auch die genaue Uhrzeit festhalten, zu der der Versuch stattfand, wie auch alle anderen relevanten Daten wie atmosphärische Bedingungen, Raumtemperatur, Mondstellung (zunehmend, voll, abnehmend), wie auch jedes andere Detail, das den Versuch beeinflussen könnte. An erster Stelle steht hier die geistige, emotionelle und körperliche Verfassung des Senders (wie auch des Empfängers, besonders wenn sich dieser im selben Raum aufhält).

Sollten sich Sender und Empfänger in getrennten Räumen befinden, muss auch beim Empfänger jemand zugegen sein, der diese Einzelheiten notiert. Dabei ist sehr wichtig, dass kein unnötiges Gerede stattfindet, und auch der Aussenlärm ist auf ein Minimum einzuschränken. Natürlich ist dieser letzte Ratschlag perfektionistisch, da es unter modernen Bedingungen nicht immer möglich ist, Strassen- und anderen Lärm auszuschliessen. Wir sollten uns aber unbedingt ein bisschen Ruhe zu verschaffen wissen.

Subvokalisieren
Ob die Versuche in einem einzigen Zimmer stattfinden oder der Empfänger sich in einem anderen Raum aufhält, ist wirklich eine rein praktische Frage, denn es stehen nicht immer gleich mehrere Räume zur Verfügung.

Sind zwei Zimmer vorhanden, so ist das ein Vorteil, denn es schliesst die Möglichkeit aus, dass der Empfänger vom Sender durch unbewusstes «Flüstern» Hinweise erhält. Es kommt nämlich oft genug vor, dass der Sender, ganz ohne es zu wissen, ausspricht, was er zu übermitteln beabsichtigt. Dies geschieht völlig automatisch und ohne jedes Geräusch. Der Empfänger, der sich in einem Zustand erhöhten Gewahrseins befindet, kann diese leisen Töne jedoch auffangen.

In diesem Zusammenhang haben vielerlei Versuche mit mesmerisierten und hypnotisierten Personen aufgezeigt, dass in ihnen ein Zustand der Hyperaesthesie oder extremer Sensibilität wachgerufen wird, ein erweiterer Bewusstseinszustand, in den er sich durch die Übungen versetzt hat. Inzwischen notiert der Protokollführer Einzelheiten über den betreffenden Gegenstand, über das Bild oder Symbol in sein Protokoll, wo bereits alle anderen wichtigen Daten festgehalten worden sind. Genau zum vereinbarten Zeitpunkt gibt er dem Sender das Startzeichen.

Der Sender konzentriert sich jetzt sofort auf seinen Gegenstand und betrachtet diesen sorgfältig, mit der willentlichen und bewussten Absicht, dessen Bild dem Empfänger zu übermitteln. Er schaut ihn ruhig und entspannt an. *Dies darf ihm weder körperliche noch geistige Mühe bereiten.* Er ist sich seiner steten Übermittlungsabsicht gewahr. Gleichzeitig sollte er sich aber vor Augen führen, dass der Empfänger sich ganz in seiner Nähe aufhält, im gleichen Zimmer gar. Die Gegenwart des Empfängers auf diese Weise anzunehmen, trägt wesentlich zum Erfolg des Versuchs bei, da die mit der Übertragung eines Bilds über einen räumlichen Abstand verbundenen Hemmungen und Zweifel dadurch für kurze Zeit aus dem Bewusstsein des Senders verdrängt werden.

Das eigentliche «Aussenden» der Botschaft sollte nicht mehr als nur zwanzig oder dreissig Sekunden dauern, danach soll der Sender einhalten.

Das Verfahren des Empfängers

Das vom Empfänger eingesetzte Verfahren unterscheidet sich wenig von dem des Senders. Nachdem er sich auf dieselbe Weise entspannt und beruhigt hat wie der Sender, versucht er, etwa fünf Sekunden lang einen bewussten Kontakt zu diesem herzustellen, mit der Absicht, von ihm die Botschaft zu empfangen, die er im Geist festhält. Danach sollte er sich ausruhen und auf Eindrücke warten, die sich bei ihm einstellen mögen. Diese sollte er hörbar beschreiben, wofür sich ein kleines Tonbandgerät als sehr nützlich erweist. Wenn er es wünscht, kann er seine Eindrücke während des Sprechens auf einem Blatt Papier festhalten, er kann auch eine Zeichnung davon machen. Er sollte ebenfalls auf alle weiteren Sinnesreize achten, die sich ihm als Duft, Laut oder Gefühl präsentieren und den Hintergrund des Haupteindrucks bilden. All dies zu verzeichnen, braucht natürlich mehrere Minuten, deshalb stellt man für jeden Versuch etwa zehn Minuten bis zu einer Viertelstunde bereit. Die Eindrücke dringen ins Unterbewusste des Empfängers, doch braucht es eine Weile, bis sie in seinem bewussten Verstand auftauchen, und so muss man ihm etwas Zeit lassen. Hier dürfen wir bemerken, dass einige Eindrücke sich erst Stunden später einstellen können, und genau dieser verzögerte Empfang kompliziert die Versuche.

Jetzt erholt sich der Empfänger von seinen Anstrengungen und kehrt zu seinem Normalzustand zurück. Er kann diese Denkpause ausnutzen, um im Zimmer umherzugehen, denn dies wird seine Gedankengänge unterbrechen. Nun ist er bereit für einen weiteren Versuch.

Auch der Protokollführer hat sein Tonbandgerät zu Beginn des Versuchs angeschaltet und es abgestellt, als der Empfänger mit seinen Bestrebungen aufhörte. Wenn kein Tonband zur Verfügung steht, müssen alle Äusserungen des Empfängers aufs genaueste niedergeschrieben werden, und das ist gar nicht so einfach, es sei denn, man kann stenografieren. Mit einem Tonband geht es aber wesentlich leichter.

Obwohl der Protokollführer nicht versäumt haben sollte, in seinem Protokoll eine vollständige Beschreibung aller Bedingungen aufzuführen, die zu Beginn eines jeweiligen Versuchs gelten, kann es vorkommen, dass plötzlich eine neue und unerwartete Bedingung auftritt. Diese muss sofort notiert werden, da sie einen wichtigen Einfluss auf den weiteren Verlauf und die Resultate des Versuchs haben könnten.

Es ist eine Frage der Absprache, wie viele Versuche im Laufe einer Sitzung durchgeführt werden; man richte sich dabei nach den Wünschen der Beteiligten. Auch gilt es zu bedenken, dass müde oder gelangweilte Sender und Empfänger meist wenig gute Resultate hervorbringen. Fünf Übertragungen pro Sitzung sind angebracht, doch kann man es mit der Zeit auch öfter probieren. Es ist wichtig, dass weder Sender noch Empfänger ihre respektiven Zimmer verlassen, bis sie ihren Normalzustand wiedererlangt haben und wenig ratsam, einen von ihnen in dem empfindlichen Zustand, in dem er gearbeitet hat, in die Aussenwelt zu entlassen.

Verzögerter Empfang

Wir haben die Frage vom «verzögerten Empfang» bereits erwähnt und möchten hier noch weiter auf dieses Phänomen eingehen. Obschon die Eindrücke den Empfänger am Stück erreichen, treten sie nicht alle zur selben

Zeit in dessen Bewusstsein. So können manche von diesen Eindrücken auch verzögert auftreten, wenn neue Umstände es ihnen erlauben, aus dem Unterbewussten aufzutauchen. Deshalb sollte der Empfänger jedes relevante Gedankenbild aufschreiben, das plötzlich wie aus dem Nichts in sein Gehirn kommt, und da diese Eindrücke die Tendenz haben, so schnell zu verschwinden wie sie gekommen sind, muss man sofort handeln.

Bei meiner Beschreibung eines typischen Versuchs in telepathischer Übertragung habe ich danach getrachtet, Ihnen ein Modell für eigene Versuche zu liefern. Dieses Modell ist das Resultat meiner langjährigen persönlichen Erfahrung.

Hypnotische und
mesmerische Telepathie

Im letzten Kapitel haben wir uns mit der bei der telepathischen Ausbildung üblichen Technik befasst. Es gibt jedoch noch weitere Arten, auf die diese Fähigkeit erweckt und zur Anwendung gebracht werden kann. Eine von diesen betrifft den Einsatz des Mesmerismus oder der Hypnose. Ich persönlich unterscheide zwischen diesen beiden, auch wenn man sie im allgemeinen für ein und dasselbe Phänomen mit zwei verschiedenen Bezeichnungen hält. Es ist meine Überzeugung, dass die «Hypnose» lediglich Teil eines weitaus grösseren Bereichs ist.

Der Begriff Hypnose wurde von einem Dr. James Braid geprägt. Dieser war Zeuge einer Reihe gewöhnlicher Darbietungen im Bereich des Mesmerismus gewesen, wobei er von gewissen Phänomenen beeindruckt worden war, die nicht als Schwindel abgetan werden konnten. Zu jener Zeit fanden in medizinischen Kreisen erregte Debatten zum Thema Mesmerismus statt, einer «Kunst», die von vielen Scharlatanen als lukratives Geschäft betrieben wurde. Der eigentliche Vorgang war aber nach ihrem Entdecker, dem französischen Arzt Dr. Anton Mesmer benannt worden. Aus verschiedenen Gründen zog dieser das Missfallen der französischen Ärztegesellschaft auf sich, und es wurden zwei Kommissionen beauftragt, sich mit den angeblichen Phänomenen des «animalischen Magnetismus» auseinanderzusetzen. Die Kommission des Jahres 1784 verhielt sich den

Ansprüchen des Mesmerismus gegenüber sehr feindselig, doch die zweite Kommission, 1831, war *dafür*. Leider
war aber die unverhohlene Gegnerschaft der englischen
und der französischen medizinischen Gemeinde derart,
dass fähige Ärzte wie Esdaile (der in einer Spezialklinik
in Indien umfangreiche Amputationen durchführte) und
Dr. Elliotson in London (der von seinen eigenen Mitar-
beitern aus dem Krankenhaus vertrieben wurde) mit einer Flut von Schimpf- und Verleumdungsakten seitens
ihrer Kollegen konfrontiert waren.

In Verbindung mit der Arbeit Esdailes in Indien ist
festgehalten worden, dass er solch bedeutende chirur-
gische Eingriffe wie die Amputation von Gliedern oder
das Entfernen von riesigen Prostata-Tumoren ohne jegliche Betäubung vornahm. Jeder, der die Geschichte der
Chirurgie vor der Entdeckung des Chloroform kennt,
wird eine Ahnung davon haben, welche Leiden zu jener
Zeit ganz allgemein mit Operationen verbunden waren.
Der grosse Vorteil der mesmerischen Methode lag darin,
dass der Patient völlig *schmerzfrei* war und dass der post-
operative Schock, an dem damals die meisten Patienten
starben, sich auf ein Minimum beschränkte. Trotz der anerkannten Schmerzlosigkeit dieser Operationen be-
hauptete ein bekannter Arzt öffentlich, Esdailes Patienten würden bei solchen Operationen *nur so tun*, als emp-
fänden sie keine Schmerzen, obwohl er nicht bestritt,
dass sie bei vollem Bewusstsein waren. Esdailes Antwort
auf diesen Blödsinn, seine Aufforderung, dieser Arzt
möge sich doch selbst in «ohnmächtigem» Zustand einer
Operation unterziehen, wurde selbstverständlich abge-
lehnt.

Animalischer Magnetismus

Die gesamte Lehre der Mesmeristen beruht darauf, dass es eine bestimmte vitale Energie gibt, die sie «animalischer Magnetismus» tauften, und die am Körper von Operierten beobachtet worden war, wie sie auch bei jedem anderen, der willens war, sie zu akzeptieren, gewisse abnorme Zustände hervorrief. Wegen dem damaligen Klima in medizinischen Kreisen, das leider noch lange anhielt, galt die Annahme, es könnte sich nervöse Energie von einer Person zur anderen übertragen, als völlig unhaltbar und wissenschaftlich absurd. Es konnte einfach nicht so sein, also waren jene, die etwas Derartiges behaupteten Lügner, Scharlatane oder Verirrte.

Derlei Behauptungen wurden aber nach wie vor aufgestellt und führten zur unerbittlichen Verfolgung jener Ärzte, die daran glaubten. Dann kam Dr. Baird mit einem neuen Gedanken, der auf seinen Beobachtungen einiger «mesmerischer» Demonstrationen beruhte. Diese Vorführungen in Musikhallen oder an anderen öffentlichen Orten hatten das ihre dazu beigetragen, das ganze Thema in Verruf zu bringen, auch wenn solch mesmerischen oder hypnotischen Darbietungen bislang keinerlei Schranken auferlegt worden waren. Dr. Braids Theorie ermöglichte es der Ärzteschaft, *einige* der Ansprüche Mesmers zu akzeptieren. Noch heute halten die meisten Ärzte nichts von den Grundlagen dieses Systems. Die angebliche Übertragung von Energie von einer Person zur anderen aber wurde weitgehend akzeptiert, denn Dr. Braids bewies, dass es möglich ist, aussergewöhnliche Bewusstseinszustände auf einfache Art, durch den Einsatz von verbalen Suggestionen hervorzurufen, wobei diese Suggestionen besonders stark durch die Anwendung jener «hypnotischen» Techniken unterstützt wurden, die Dr. Braids selbst entwickelt hatte.

So blieb ein Rest der alten mesmerischen Technik erhalten, doch wir, die wir mit beiden Techniken gearbeitet haben, sind überzeugt, dass es weitaus leichter ist, als Hypnotiseur denn als Mesmerist zu wirken. Ich erinnere mich an lange Stunden, die damit zugebracht wurden, den Patienten nach bester mesmerischen Tradition mit den «Signalen» vertraut zu machen. Vielleicht zieht die Medizin deshalb die Hypnose vor. Trotzdem scheint die heutige parapsychologische Forschung im Ostblock und in Amerika Mesmer mehr und mehr zu bestätigen. Die Kirlianfotografie, die klar aufzeigt, dass eine Art Energie den Körper verlässt, ist nur einer der sich häufenden Beweise für Mesmers Theorien.

Erweiterte Bewusstseinszustände

Es ist richtig, dass viele Mesmerische Phänomene durch hypnotische Techniken erreicht werden können, die, wie die Mesmers, eine gewisse Kontrolle über das Unterbewusste der Versuchsperson ermöglichen. Auch viele der erweiterten Bewusstseinszustände, die durch die mesmerische Methode möglich werden, können durch rein hypnotische Mittel bewirkt werden. Wo Hypnose zu Bewusstseinserweiterung führt, gilt als erwiesen, dass der jeweilige Hypnotiseur alle Qualitäten eines Mesmeristen aufweist, so dass es die unbewusste mesmerische Gabe ist, die hier zum Erfolg verhilft. Doch darf man nicht verallgemeinern, und es dürfte eine Reihe von unbekannten Variablen geben, die hier mitspielen.

Um diesen Teil unserer Abhandlung zu Ende zu führen, dürfen wir sagen, dass ein Patient auch ganz ohne Behandlung durch einen Therapeuten dazu geführt werden kann, in einen Trancezustand einzutreten, ja ganz ohne äussere Hilfe. Dieses Phänomen nennt man Autohypnose, ist aber auch als Automesmerismus bekannt;

und so gibt es auch Schulen, die behaupten, jegliche Hypnose werde durch die Versuchsperson selbst hervorgerufen, die mittels eigener Suggestionen einem gewissen inneren Pfad folgt. Ich habe meine Gründe dafür, mich dieser Meinung nicht ganz anschliessen zu können, doch möchte ich nicht bestreiten, dass daran etwas Wahres ist.

Trancezustände

Heute wird beim Hervorrufen von hypnotischen oder mesmerischen Zuständen oft die Suggestion angewandt; so sagt man der Versuchsperson zum Beispiel, sie solle sich an einen fremden Ort begeben und beschreiben, was sie dort sieht. Dazu gibt man ihr eine Reihe von eindeutigen Befehlen, die dazu entworfen wurden, ihr ein Bewusstsein des eigenen inneren Potentials zu ermöglichen. Dabei stellt sich eine feine Verbindung, ein Rapport zum Operateur her, eine Sympathie, die es diesem ermöglicht, bei der Versuchsperson einen Trancezustand hervorzurufen, wobei er nicht einmal wissen muss, dass ein solcher Versuch stattfindet. Manche russischen Forscher berichten über bedeutende Erfolge auf diesem Gebiet. Hier besteht offensichtlich eine starke telepathische Verbindung zwischen der Versuchsperson und dem Operateur, auch wenn es sich dabei um eine einseitige Kommunikation handeln kann. Es gibt auch Methoden, dank derer der Operateur «mit den Augen der Versuchsperson» sehen kann, doch können wir hier nicht auf diese Fälle eingehen. Der grosse Vorteil eines psychischen Rapports zwischen dem Operateur und der Versuchsperson besteht darin, dass die telepathischen Kräfte dadurch unmittelbar angesprochen werden, eine sehr effektive Methode. Der Nachteil ist, dass eine eigenartige psycho-

logische Abhängigkeit seitens der Versuchsperson entstehen kann, die zu beachtlichen Schwierigkeiten in ihrer
Beziehung zum Operateur führen kann. Wenn Sie also
nicht über ein umfangreiches Wissen auf diesem Gebiet
verfügen, würde ich Ihnen unbedingt davon abraten, Te-
lepathieversuche zu unternehmen, die sich dieser Methoden bedienen.

Beiläufig sei erwähnt, dass die Techniken, die von den
Spiritisten eingesetzt werden, um solche Kräfte zu entwickeln, ein Beispiel für den kombinierten Einsatz beider Methoden sind. Ein Teil der Gruppe bildet ein «Reservoir» an psychischer Energie, mit der Absicht, in jedem, der an dieser Sitzung teilnimmt, psychische Kräfte
zu erwecken. Hier beeinflusst die in der Gruppe vorherr-
schende Einstellung die Resultate. Die psychische Energie richtet sich durch das von allen beigesteuerte Ener-
giereservoir auf die Gruppe selbst und bedingt so die
Suggestivkraft des dominierenden Gedankens, was wiederum dazu führt, dass sich psychische Kräfte manifestie-
ren. Ob es dabei auch zu telepathischen Impulsen seitens
anderer Wesen kommt, die ebenfalls zugegen sein sollen,
ist eine Frage, die den Rahmen dieses Buches sprengt.

Halluzinogene
Ein weiterer Weg, telepathische Sensibilität zu erwek-
ken, ist durch den Einsatz von Drogen möglich. Solche
«Psychedelika» sind zu diesem Zweck in allen Kulturen
und zu allen Zeiten eingesetzt worden. In den jüngsten
Jahren ist es zu einem Aufleben dieser Drogenbräuche
gekommen. In manchen Fällen öffnen sich dabei die psychischen Kanäle tatsächlich, doch wenn man sich nicht
der Obhut eines erfahrenen Führers anvertrauen kann,
geschieht dies meist auf sprunghafte und unkontrollier-
bare Weise und führt zu unerwünschten Nebenerschei-

nungen. Ich würde jedenfalls davon abraten, Drogen zu benutzen, um psychische Kräfte wachzurufen. Ich bin vielen begegnet, die damit schlechte Erfahrungen gemacht haben und bereuten, sie für diesen Zweck eingesetzt zu haben, und die sich von unangenehmen Symptomen zu befreien suchten. Es ist oft leichter, in einen solchen Zustand hinein zu geraten, als ihn wieder zu verlassen, also aufgepasst!

Man sagt, dass die Art, auf die die psychischen Eindrücke unsere Gehirnzelle erreichen, ein chemisch-organischer Prozess ist, in welchem gewisse Substanzen von den Körperdrüsen in kleinsten Mengen ausgeschieden werden. Deshalb wäre es angebrachter, im Falle jener Drogen die extrem kleinen Dosen der Homöopathie zu verwenden und einen Tropfen der betreffenden Substanz einer Million Teile Wasser beizufügen, statt sie in den gefährlichen Quantitäten einzunehmen, mit denen so viele ihre psychische Gesundheit riskieren.

Telepathische Träume
Hier kommen wir zu noch einer weiteren Art, wie telepathische Botschaften empfangen werden können, nämlich durch unsere Traumbilder. Es ist auf diesem Gebiet viel Forschung betrieben worden, die über das Auftreten von telepathischen Träumen Auskunft gibt. Wir können dabei dasselbe Vorgehen anwenden, wie wir es bei der Telepathie im Wachzustand angewandt haben, wenn auch mit einigen kleinen Variationen. Der Sender braucht seine Methode nicht zu ändern, der Empfänger muss sich ein bisschen anpassen. Er muss sich bewusst sein, dass jeder Eindruck, den er aus dem Schlafzustand herüberzuretten vermag, durch die «Traumebene» seines Unterbewussten hindurchdringen muss und durch diese Reise beeinflusst wird. Die moderne Psychologie hat uns ein Bild

von diesen Traumebenen vermittelt, das darauf hindeutet, dass es in jedem von uns Heere von geistigen Bildern gibt, die stark mit Gefühlen beladen sind und ständig versuchen, aus dem Unterbewussten aufzutauchen, von einer Art geistigen Schranke jedoch ständig ins Unterbewusste zurückgedrängt werden. Nur wenn sich diese aufgeladenen Gedanken irgendwie verhüllen können, erreichen sie den bewussten Geist. Ihre Verkleidung ist die Symbolik, unsere Träume drücken sich in Sinnbildern aus, die für die Antriebskräfte jenseits der unterdrückten Gedanken stehen.

Deshalb ist die Traumdeutung eine wahre Wissenschaft, die zuerst von Freud und seinem Schüler Jung aufgegriffen wurde. Für Freud war Sex die zentrale Energie hinter allen Traumbildern, und da er über dieses Thema liberaler dachte als seine Zeitgenossen, wurden seine Theorien dankbar angenommen, da sie von den beschränkten und engstirnigen Ansichten des viktorianischen Zeitalters wegzuführen schienen. Jung wartete mit einer sogar noch freieren Interpretation sexuellen Verhaltens wie Freud auf. Es gilt zu bemerken, dass Freud, Schutzpatron vieler materialistischer Psychologen, eine Abhandlung über die Telepathie schrieb.

Telepathie und Geistheilen

Als die Psychologen anfingen, die Methodik der Traum-
analyse anzuwenden, gelangten sie zur Einsicht, dass zusätzlich zu der Bilderflut, die aus den Tiefen unseres Geistes auftaucht, noch weitere Bilder und Eindrücke existieren, die keine Verbindung zu den anderen zu haben
scheinen. So sehr man auch versucht, sie sinnvoll in be-
stehende Modelle einzugliedern; diese vereinzelten, ei-
genartigen Gedanken und Bilder passten einfach nicht in
das gewohnte Traumbild. In vielen Fällen handelte es
sich dabei um Gedanken von Menschen, die sich entweder nahebei aufhielten oder in einer anderen sympathi-
schen Verbindung zum Träumer standen.

Um diesem Hinweis nachzugehen, wurden einschlä-
gige Versuche unternommen, mit einer Person, die dem
schlafenden Empfänger Bilder, Symbole oder Botschaften sandte. Es gibt positive Beweise dafür, dass solche
telepathischen Botschaften von der schlafenden Versuchsperson aufgenommen werden. Wenn wir aber so
leicht beeinflusst werden können, wenn wir uns im
Schlafzustand befinden, könnte es genausogut sein, dass
wir ständig Botschaften des kollektiven Bewusstseins um
uns herum empfangen. Hierin sehen wir eine indirekte
Verbindung zur Arbeit des verstorbenen Edgar Cayce.
Er konnte scheinbar mit Menschen Kontakt aufnehmen,
die er niemals gesehen hatte und von denen er nichts
wusste.

Versuche mit Pflanzen

Wäre es nicht möglich, dass wir – wie manche Mystiker behaupten –, ständig mit der ganzen Menschheit in Verbindung stehen, ja mit allen lebenden Dingen? Hierzu gibt es neuere Versuche mit Pflanzen, die darauf hinweisen, dass diese durch die Gedanken ihrer Umwelt beeinflusst werden. In manchen Experimenten führte der blosse *Gedanke* des Forschers, dass er einer Pflanze Schmerz zufügen wolle, zu einer messbaren Reaktion. Dazu war ein Instrument an der Pflanze angebracht worden, das ihre Druckverhältnisse mass. Auch hier scheint der Naturmystiker der Wissenschaft vorgegriffen zu haben, denn er proklamiert die Einheit der gesamten Schöpfung, und es scheint stichhaltige Beweise dafür zu geben, dass dem so ist.

Okkultisten sprechen schon seit langem vom «Astrallicht». Dieses ist beschrieben worden als ein Bereich von Gedanken und Gefühlen, das den gesamten Planeten umgibt und sich gar jenseits der Grenzen unseres Sonnensystems ausbreitet. Innerhalb dieser Hülle bewegt sich alles Leben und kreist, wobei das Astrale als Kommunikationsmittel und Kontakt zwischen allen Daseinsformen auf Erden ist. Sogar die sogenannt «toten» Energien des Mineralreichs werden in diese grosse Einheit allen Lebens miteinbezogen. Deshalb gilt der Bereich des Astrallichts als Ort, an dem grosse paranormale Energien anzutreffen sind, und es wird behauptet, dass diese Energien alles Leben auf unserem Planeten beeinflussen.

Wir haben es also hier mit einem Reservoir an aussersinnlichen Kräften zu tun, von denen behauptet wird, sie könnten durch den Einsatz gewisser Techniken, die durch die Jahrhunderte entwickelt wurden, angezapft werden. Tatsächlich kann es vorkommen, dass auch Menschen ohne bewusste Kenntnisse solch okkulter Techniken Kontakt mit der einen oder anderen dieser Mächte aufnimmt und diese auf zuverlässige Weise benutzt. Manche von diesen Energien kennt man unter dem Sammelbegriff «Geistheilen», und es gibt eine Vielzahl von Gruppen, die versuchen, kranken Menschen auf diese Art zu helfen. Das Heilen ist ein sehr komplexes Thema und derart mit Emotionen besetzt, dass man damit sehr vorsichtig umgehen muss, und wenn wir es hier erwähnen, dann vor allem, weil wir glauben, dass bei den meisten Geistheilungen ein telepathisches Element mitspielt.

Energieübertragung
In einem Vortrag anlässlich einer parapsychologischen Konferenz stellte ein Arzt eine Theorie vor, die, basierend auf einer von ihm unternommenen, präzisen experimentellen Forschung, vorschlug, dass manche Formen von aussersinnlichem, paranormalem Heilen einer Energie zu verdanken sind, die vom Heiler auf die Patienten übergehen und die sich des telepathischen Impulses als einer Art «Trägerwelle» bedienen. Das von vielen Heilern praktizierte Fernheilen kann auch auf diese Weise erklärt werden, und es ist schon möglich, dass die *vis medicatrix naturae* – die körpereigenen Heilkräfte – durch diese Energie geweckt und zu gutem Einsatz gebracht werden.

Viele Heiler bestehen jedoch darauf, dass ihre Kraft von Wesen paranormalen Ursprungs gelenkt und gefestigt werden, wohingegen andere wiederum behaupten, ihre Kraft käme direkt von Gott. In dem Sinn, dass alle Kraft von Gott kommt, haben beide Parteien wahrscheinlich recht, doch wie bei den meisten menschlichen Angelegenheiten, glaubten auch hier beide Seiten, die Wahrheit gepachtet zu haben. Es ist aber auch möglich, dass die heilenden Energien nicht in allen Fällen telepathischen Wellen zuzuschreiben sind, sondern auf eine andere Weise wirksam werden. Wir haben diese körpereigene Heilkraft, die Regenerationsfähigkeit des Körpers bereits erwähnt, die ständig bemüht ist, uns bei guter Gesundheit zu halten. Diese innere Energie kann dazu gebracht werden, im Körper Resultate zu zeitigen, die als Wunderheilungen angesehen werden. So ist es sehr wohl möglich, dass es dem in dieser inneren Kraft enthaltenen Stimulus zu verdanken ist, dass eine tatsächliche Heilung stattfindet. Auch hier können wir annehmen, dass das wunderbare Heilprinzip innerhalb unseres Organismus eine Manifestation des göttlichen Willens darstellt, der alle Erscheinungen mit Energie erfüllt und lenkt. Möglicherweise kann die erweckte Kraft auch die vielen Mächte und Energie des Astrallichts auf sich ziehen.

Paranormale Wesenheiten

Wie gesagt, behaupten manche Heiler, von aussersinnlichen Wesen unterstützt zu werden. Wieder andere haben gesagt, es bestünde eine enge Beziehung zwischen ihnen und solchen Wesen, weil es sich dabei meistens um die Seelen Verstorbener handle. Von sensitiven Menschen, denen von einem Heiler geholfen wurde, sind ab und zu Gestalten wahrgenommen worden, die sich in ihrer unmittelbaren Nähe aufhielten, auch wenn sie den genauen Augenblick der Fernheilung nicht kannten. Hier scheint es sich um einen energiegeladenen, telepathischen Impuls zu handeln, der die Gestalt jenes Menschen annimmt, der sie aussendet. Es sind viele Fälle solcher «Gesichter der Lebenden» in den Annalen des S. P. R. verzeichnet, doch sollten wir uns daran erinnern, dass ein grosser Teil dieses Beweismaterials vielmehr für die Theorie der Astralprojektion spricht, wo das Bewusstsein eines Menschen dessen Körper in einem feineren

Körper verlässt, den man normalerweise Astralkörper nennt. So ist es möglich, dass der Heiler sich in seinem Astralkörper tatsächlich in der Nähe des Patienten aufhielt.

Einer der berühmtesten Geistheiler, Harry Edwards, wurde von seinen Patienten oft viele Kilometer von seinem eigentlichen Körper entfernt gesichtet. So wird auch Jesus Christus in strenggläubigen christlichen Kreisen häufig auf ähnliche Weise wahrgenommen, wobei der Fall der verstorbenen Dorothy Kerin als Beispiel dienen mag. Um unsere Liste weiter zu vervollständigen, haben manche Patienten, die durch Fernheilung behandelt wurden, die Umrisse körperloser Geister gesehen, die die unsichtbaren Helfer jener Heiler waren. Es besteht meiner Meinung nach kein Grund dafür, weshalb eine Methode einer anderen überlegen sein sollte, doch da diese Aussage auf heftige emotionelle Reaktionen stossen dürfte, möchte ich hier nicht weiter darauf eingehen. Ich habe lediglich versucht aufzuzeigen, wie die Telepathie eine der Wurzeln dieser «Wege des Heilens» sein mag.

Telepathische Gedankenformen

Es gibt viele Frauen und Männer, die sich damit begnügen, ihre telepathischen Kräfte einzusetzen, ohne sich dabei um die Theorie zu kümmern. Ihnen reicht, dass ihre Gabe funktioniert, auch wenn es andere Leute gibt, die wissen möchten *wie*. Sie stehen vor einem sehr grossen Forschungsgebiet. So müssen wir uns auch mit der Frage der Gedankenformen auseinandersetzen, die zwar innerlich genauso durch die Macht des Denkens aufgebaut werden wie die Telepathie, sich aber getrennt auf Gegenstände und Menschen auswirken können.

Ein Beispiel dafür sah ich anlässlich der Vorführung eines Mediums, das eine Reihe von verschiedenen Erscheinungen beschrieb, die es rund um die Menschen in seinem Publikum wahrnehmen konnte. Als dieses Medium, ein Mann, bei einer bestimmten Frau anlangte, beschrieb er in grosser Einzelheit einen sehr aussergewöhnlich aussehenden Menschen und fragte sie, ob sie diesen Menschen kenne. «O ja,» antwortete die Frau, «er ist die Hauptfigur in einem Roman, an dem ich schreibe, und ich habe viel Zeit daran gegeben, mir sein Aussehen zu vergegenwärtigen.»

Das war ein eindeutiger Fall des psychischen Empfangs eines sorgfältig aufgebauten Gedankenbildes und betont die Tatsache, dass unsere psychischen Fähigkeiten lediglich die Abwandlung eines grundlegenden psychischen Sinnes sind, genauso wie alle Körpersinne aus dem Tastsinn hervorgehen. Diesen psychischen Sinn haben wir unter dem Namen Telepathie studiert.

Gedankenformen können sich also an Dinge und Menschen haften. Dass nun aber Gegenstände davon beeinflusst werden, dass sie mit gewissen Gedankenbildern in Berührung kommen, ist das Prinzip hinter der «Segnung» aller zeremoniellen Religionen. Diese geistigen Wünsche werden mit emotioneller Energie aufgeladen und tendieren dahin, bei jener Person, die mit dem symboltragenden Gegenstand in Berührung kommt, ähnliche Gefühle hervorzurufen wie die, mit denen das ursprüngliche Gedankenbild, das «Wort» aufgeladen wurde. Im Fall der «Weihung» werden die Gedankenbilder mit Wesen in Verbindung gebracht, von denen man glaubt, sie würden diese als beständigen Kanal benutzen, durch den sie die Persönlichkeit eines Menschen verändern können, der mit ihnen Verbindung aufnimmt.

Das Poltergeist-Phänomen

Es gibt noch eine weitere Art, materielle Gegenstände gedanklich zu beeinflussen, und gerade darüber ist in letzter Zeit einiges geschrieben worden. Unter bestimmten Voraussetzungen geistiger Anspannung scheint beim Menschen ein partieller Abgang der inneren Energie stattzufinden, besonders in der Jugend, wo ein unbewusster telepathischer, mit inneren Energien aufgeladener Impuls von gewissen Jugendlichen und Kindern ausgeht, der tatsächlich materielle Erscheinungen wie das Hin- und Herrücken von kleinen Gegenständen, Lichterscheinungen, Lärm, usw. hervorrufen kann. Bei diesen Erscheinungen spricht man von einem Poltergeist-Phänomen, und solche «Klopfgeister» können jenen, die an dem betreffenden Ort wohnen, sehr lästig sein. Meistens kann man ihnen ein Ende setzen, wenn man dem jeweiligen Mädchen oder Burschen hilft, die Ursache für diese Manifestation zu erklären.

Man hat mich schon bei einer Reihe solcher Fälle zu Rat gezogen: Die Störungen verschwanden meistens nach erfolgter psychologischer Hilfeleistung. In einigen Fällen schienen jedoch andere Faktoren im Spiel zu sein, wie zum Beispiel bei der bewussten oder unbewussten Beeinflussung durch aussersinnliche Wesenheiten. Ein junges Mädchen war der Mittelpunkt einer solchen Reihe von Störungen durch «Geister». Ein Teil von diesen schien lebenden Menschen zu gehören, andere liessen jedoch auf einen aussersinnlichen Ursprung schliessen. Von der zweiten Art waren ein Teil Geister von Verstorbenen, die sich, ganz wie die menschlichen, in der Aura des Mädchens verstrickt hatten. Wo es sich um menschliche Geister handelte, ist mir aufgefallen, dass es meistens schon half, wenn man ihnen vernünftig zuredete, um das telepathische Netz zu durchbrechen, in dem sie gefangen waren.

Exorzismus
Bei anderen Wesenheiten wurde eine Art Exorzismus durchgeführt. Diese ganze Angelegenheit ist höchst heikel, und es wird dabei zum Schaden des «Opfers» viel Unfug getrieben. Wir sehen dies heute an der zunehmenden Anzahl von Pfarrern, die sich als Exorzisten profilieren. Sie scheinen vage Erfolgsansprüche für ihre Arbeit zu erheben. Wie berechtigt diese sind, bleibt aber in den meisten Fällen höchst fragwürdig.

Eigenartigerweise gab es in der anglikanischen Kirche bereits vor zwei oder drei Jahrhunderten eine ähnliche Plage von klerischen Exorzisten, die offen miteinander wetteiferten, bis ihnen die Kirche Einhalt gebot. In der katholischen Kirche werden Exorzismen seit jeher nur mit der ausgesprochenen Erlaubnis des zuständigen Bischofs durchgeführt, auch wenn es dabei welche gegeben haben mag, die diese Erlaubnis nur allzugern erteilten. Dass ein kirchlicher Exorzismus nutzen *kann*, ist unbestritten, doch haben manche Mätzchen der Möchtegern-Exorzisten unter den Theologen zu regelrechten Skandalen innerhalb der Kirche geführt.

Die Spiritisten haben auch ihre eigenen Methoden, um mit solchen psychischen Vorkommnissen umzugehen, und diese sind mindestens so wirksam, wie die der Kirche. Wo beide Parteien zusammenarbeiten, kann es zu sehr guten Resulaten kommen, wie dies bei jenen Studien der Gesellschaft für Psychische Forschung der Fall war, die unter der Schirmherrschaft der anglikanischen Kirche standen. Hier lernten beide Parteien voneinander.

Zusammenfassung

Wir haben uns in diesem kleinen Buch auf unterhaltsame Weise mit dem Gebiet der Telepathie auseinandergesetzt, doch handelt es sich um ein derart umfassendes Thema, mit schier unendlichen Folgerungen, dass es unmöglich war, an dieser Stelle mehr als nur einige Hinweise zu geben, denen der interessierte Leser folgen mag. Vielleicht tut man gut daran, eine weitere Zusammenfassung dieser Möglichkeiten zu verfassen und dabei festzuhalten, welche Untersuchungslinien Erfolg versprechen.

Wir alle sind im Umgang mit diesen Fragen auf eine ganz bestimmte Weise ziemlich kurzsichtig, denn wir empfinden uns alle als von unserer Umwelt getrennte Wesen. Dies hat seine Richtigkeit, doch geht diese Annahme nicht weit genug. Wir sind durch unsere eigene Person von anderen verschieden und getrennt, und doch ist dieses Getrennt- oder Alleinsein eine Illusion. Hinter der Maske der Persönlichkeit findet sich unser wahres Selbst, und dieses wahre Selbst beschränkt sich nicht bloss auf das dreidimensionale Universum, das wir kennen, dem einzigen, dessen unser materielles Selbst gewahr ist. Durch die verschiedenen Kräfte, die wir heute zu verstehen beginnen, erlangen wir Einsichten in unsere wahre Natur und erfahren, dass unsere Einsamkeit eine Illusion ist, aufgebaut im Laufe der Evolution, damit wir in der materiellen Welt wirken und uns ausdrücken können. Hinter der Maske der Person verbirgt sich jedoch jenes Selbst, das sich nach den grossen Gesetzen und Dimensionen des Lebens ausrichtet, von denen das persönliche Ich wenig weiss. Nur manchmal dringt etwas von seiner wahren Natur in das persönliche Bewusstsein des einzelnen, unter Bedingungen, von denen wir wenig Ahnung haben,

Die Gedanken, die wir sehen, sind blosse Schatten, unser Denken ist ein blosser Abklatsch eines viel umfassenderen Denkens. Trotzdem verbindet es uns mit dem höheren Denken, und in der telepathischen Praxis wird es manchmal möglich, einen kurzen Kontakt mit dieser erhabeneren Ebene aufzunehmen. Dann sind die Begrenzungen unseres kleinen Ichs für kurze Zeit aufgehoben und wir beginnen uns selbst zu erkennen und sehen uns so, wie wir für dieses grössere Licht bestehen. Dort, in jenem Lichtbereich, erfahren und realisieren wir, dass es uns nie wirklich als von allem getrennt gibt – wir sind alle in dem einen Leben enthalten –, und dort finden wir die Rechtfertigung für all jene menschlichen Pläne, die nach einer Verbrüderung der Menschen trachten. Unsere irdischen Ideale der Bruderschaft entspringen zu einem grossen Teil der Notwendigkeit, doch sind sie Abbilder jener wahren Bruderschaft, die nicht hergestellt, sondern nur *realisiert* werden muss.

Unsere telepathischen Studien mögen uns nur eine flüchtige Minute lang zum Bewusstsein dieser Verwandtschaft führen, doch können die Auswirkungen dieses Aufblitzens wahren Bewusstseins unser ganzes Leben von diesem Augenblick an bestimmen und lenken.

Telepathie kann als interessantes Spiel beginnen, es kann aber auch als wertvolle Untersuchung weitergeführt werden, die uns zur Einsicht führt, dass wir Teil von etwas Grösserem sind und die Gelegenheit und das

Glück haben, uns dem Willen des Allmächtigen unterzuordnen. In der Ausführung dieses göttlichen Plans aber werden wir unseren wahren Seelenfrieden finden.

Index